EL PROCEDIMIENTO CRIMINAL INGLÉS

EL PROCEDIMIENTO CRIMINAL INGLÉS

Una nueva esperanza para países
emergentes y en vías de desarrollo

DAVID SUASTEGUI MARTINEZ

Número de Control de la Biblioteca del Congreso de EE. UU.:		2012912395
ISBN:	Tapa Dura	978-1-4633-3365-2
	Tapa Blanda	978-1-4633-3364-5
	Libro Electrónico	978-1-4633-3363-8

COMO COMPRAR LOS DERECHOS DE AUTOR

Las personas interesadas en la compra de los derechos de autor pueden escribirme en:

Calle Quebrada numero 10, Interior 102, Colonia Centro, Acapulco Guerrero, México. C.P. 39300

E- mail: david_suastegui@hotmail.com
David Suastegui Martínez.

Este libro fue impreso en los Estados Unidos de América.

Fecha de Revisión: 25/03/2013

Para realizar pedidos de este libro, contacte con:
Palibrio
1663 Liberty Drive
Suite 200
Bloomington, IN 47403
Gratis desde EE. UU. al 877.407.5847
Gratis desde México al 01.800.288.2243
Gratis desde España al 900.866.949
Desde otro país al +1.812.671.9757
Fax: 01.812.355.1576
ventas@palibrio.com
420167

ÍNDICE

Dedicatoria

Este libro está dedicado a todos aquellos hombres y mujeres que de alguna u otra manera han perdido sus derechos y libertades de mano de sus gobiernos y del poder judicial que los representan. A todos aquellos hombres y mujeres que sucumbieron en busca de la verdad, la libertad y la justicia. Y a todos aquellos estudiosos del derecho, que día a día se preparan profesionalmente con el propósito de mejorar las condiciones de vida a favor de su país y de la humanidad entera.

El autor

AGRADECIMIENTOS

Agradezco al sargento detective Arthur Bradley, por haberme presentado ante el personal distinguido de la Corte, así como por facilitarme una serie de información legal, sin la cual no hubiese podido redactar mucho de este documento. También debo agradecer su gesto al obsequiarme tres tomos de la Colección de Derecho, editado por *Stone's Justices Manual*.

Mi gratitud al escribano de la corte, señor Keith Harrison, quien amablemente me facilitó todo tipo de información legal relacionada con su labor y el procedimiento criminal inglés.

También reconozco el invaluable apoyo de los ujieres Derik Thorpe, George Hilton y el estenógrafo Denisse Skerrit, por su información legal proporcionada.

De igual forma deseo agradecer la oportuna intervención del director de la corte el señor Hagan, quien de manera oportuna me apoyó dandome la oportunidad de estar presente en las audiencias en un lugar estratégico desde donde pude redactar este pequeño ensayo.

Asimismo, me es grato agradecer al Dr. Julio Antonio Cuauhtémoc García Amor, notario Público No. 18 de la Ciudad y Puerto de Acapulco, y al canadiense Normand Heroux, por sus sabios consejos y comentarios vertidos a esta obra.

Agradezco de manera especial al licenciado Francisco Gabriel Binzha, supervisor editorial del Instituto Politécnico Nacional, por haber organizado y estructurado el contenido de esta obra de la manera mas apropiada.

Estoy inmensamente agradecido de todos aquellos funcionarios y empleados de la corte, quienes de alguna u otra forma me ayudaron a reunir esta información para escribir esta reflexión.

A Jehová, Dios, mi agradecimiento y reconocimiento absoluto, por haberme permitido obsequiarle a mi país México esta obra de investigación, esperando de antemano no ofender a nadie, y si así sucediere, pido me disculpen por tal atrevimiento.

NOTA DEL AUTOR

Las presentes páginas contienen fragmentos de casos criminales que presencié en la Corte de la Corona en Preston, en el condado de Lancashire, Inglaterra. La mayor parte de la información legal fue obtenida con base en las traducciones realizadas por el suscrito en tiempo real de algunos casos criminales presentados en la corte.

Aprovecho la ocasión para disculparme si de manera involuntaria he redactado algo diferente sobre los verdaderos aspectos de este extraordinario, independiente, confiable e imparcial modelo de justicia criminal.

Por razones legales y respeto a las personas, los nombres reales de los implicados fueron modificados, no así los nombres de los jueces y personal administrativo de la corte.

Los consejos vertidos en esta obra no aplican para aquellos que ya han solicitado ayuda profesional a países de primer nivel, como son nuestros queridos hermanos de las republicas de Colombia, Brasil, el Salvador y Perú. A ellos mis felicitaciones. Tampoco aplica para aquellos países que no desean hacer cambios en sus sistemas de justicia criminal.

De igual manera no aplica a mi país, México, puesto que en los últimos seis años se han hecho reformas sustanciales a nuestro sistema de administración de justicia; pese a los obstáculos habidos en las cámaras de senadores y diputados, al resistirse aprobar las reformas legales que tanto necesita nuestro país.

Sé de antemano que muchas personas estarán interesadas en conocer más a fondo sobre el Procedimiento Criminal Ingles, con lo cual no dudo enriquecerá el contenido de esta investigación. Por tanto les anticipo que estaré atento en atender oportunamente todas aquellas inquietudes, criticas o comentarios que estudiosos del derecho hagan al presente libro. Atenderemos oportunamente cualquier pregunta relacionada con el procedimiento criminal de este país, las cuales serán analizadas y contestadas en su momento oportuno por expertos en derecho del Reino Unido y publicadas en próximas ediciones.

En razón de que la intención de esta obra es dar a conocerla a la mayoría de los países para la cual fue destinada, pongo a disposición mi correo electrónico, al cual podrán dirigir sus comentarios, permisos de autorización y publicación del presente libro: david_suastegui@hotmail.com

PROLOGO

La presente obra no pretende solucionar los problemas judiciales de los países en vías de desarrollo, sin embargo, si los gobernantes de éstos lo consideran como una opción, hallarán en estas páginas una posible respuesta a diversos problemas que envuelve la difícil tarea de impartir justicia.

Hace más de dos décadas, en el tiempo en que cursaba mis estudios de Derecho en la Escuela Superior de Ciencias Sociales, dependiente de la Universidad Autónoma de Guerrero, tuve la inquietud de encontrar la razón o los motivos por el cual tenemos en nuestro país un sistema judicial rudimentario y arcaico, a pesar de que hemos tenido la oportunidad de solicitar apoyo e inspiración profesional a Estados de sólida reputación legal, como lo son Estados Unidos de América, Canadá y el Reino Unido.

Luego de reflexionar en ello, obtuve la respuesta en la actitud personal que yo mismo adoptaba al sostener conversaciones con nacionales de estas nacionalidades.

Yo radico en la ciudad y puerto de Acapulco, y en esta tierra es muy fácil establecer amistad con extranjeros que vienen a tomarse un descanso de la vida cotidiana o a realizar negocios (como fue el caso del que ahora es mi amigo, el señor Neil Peter Lyon), sobre todo por el ambiente que aquí se vive. El señor Lyon es oriundo de Canadá y es propietario de una casa en el fraccionamiento Costa Azul. El señor Lyon fue sobrecargo de la línea *Canadian Pacific Air Line* y al laborar en ésta tuvo la oportunidad de conocer diversos países del mundo.

Al comenzar a establecer una relación de amistad con el señor Lyon fue presentándome con sus amigos, quienes también eran extranjeros, personajes todos amistosos con los que yo charlaba. Uno de ellos era el señor Eduard Heavy, quien fungía como juez penal en la ciudad de Seattle, del estado de Washington.

El tema de conversación que solía manejar por aquel tiempo era precisamente de leyes, dado que me encontraba estudiándolas, razón por la que defendía fervientemente las leyes he instituciones de mi país, incluyendo el contenido de la Constitución General de la República. Al respecto: mis amigos extranjeros argumentaban que en sus países, un acusado es inocente entre tanto el Departamento de Acusaciones Públicas demuestra su culpabilidad. Con base en esto, me cuestionaban el porqué en México la situación es todo lo contrario. Por qué un acusado es considerado culpable mientras el mismo (acusado) demuestra su inocencia. También me preguntaban por qué tenía que ser el acusado quien tiene que defenderse ante la corte para demostrar su inocencia, en vez de que lo hiciere el Ministerio Público.

Mi postura no coincidía con la de ellos, al grado que me vi en la penosa necesidad de ofenderlos, razón por la cual la mayoría de ellos terminaron evitándome. No obstante, dentro de aquellas charlas, mi amigo el señor Neil Petter Lyon me felicitó por el entusiasmo con que yo defendía las instituciones de mi país, al tiempo que me señalaba que no existían razones justificadas para defender un sistema judicial que no le era funcional a México, y que mucho menos brindaba confianza a millones de extranjeros que, como él, apreciaban vivir en esta tierra. Aunado a ello, hizo de mi conocimiento que el resto de mis amigos conservaban una mala impresión de mi actitud, pues la consideraban fuera de lugar y que, lejos de beneficiarnos, empeoraba más nuestra situación.

Para cambiar mi actitud errática e ignorante, me sugirió visitar Gran Bretaña, con la finalidad de indagar sobre el modelo judicial inglés. Me agradó su sugerencia, sobre todo cuando señaló que me apoyaría económicamente para hacerlo. "Cuando se quiere ayudar a alguien –puntualizó–, no sólo se hace con críticas constructivas, sino también participando en el cambio que se desea alcanzar."

Con todas estas vivencias, comenzó a interesarme la idea de hallar una respuesta al problema de administración de justicia que impera en el México de hoy y demás países en vías de desarrollo, y como pude, a finales de mil novecientos ochenta y nueve viajé al Reino Unido, específicamente, al condado de Lancashire, donde existe la impresionante y majestuosa Corte de la Corona de Preston.

Al llegar al condado de Lancashire, decidí visitar la corte, con el objeto de solicitar el apoyo necesario del personal administrativo y judicial que labora allí. Uno de ellos fue el sargento detective Arturo Bradley, quien gustoso me contacto con otros funcionarios de la misma, entre ellos el señor Hagan –director de la corte, quien amablemente hizo una serie de arreglos necesarios para que me atendieran y orientaran adecuadamente con el propósito de llevar a cabo la investigación del procedimiento criminal inglés. También giró instrucciones para que yo pudiera estar presente en las audiencias desde el banquillo de los corresponsales y periodistas. Tenía todo en mis manos para comenzar con la investigación.

Con todos estos privilegios, recorrí la corte de manera pormenorizada, visitando las celdas de los acusados, la librería, la sala de los magistrados, la sala del jurado y parte del resto de las instalaciones. Estaba maravillado, no sólo por el sitio que mantenía un orden impecable, sino por el personal que labora ahí, que refleja toda la experiencia para poner en práctica la difícil tarea de administrar justicia.

Desde la galería del público puede observarse el "tribunal de la Reina", así llamado el lugar desde donde preside el juez. Tanto en la parte frontal como en las paredes de la sala se aprecian elegantes cuadros de personajes y celebridades de la corte, los cuales fueron jueces distinguidos de la misma, y que precisamente por su honorabilidad se les rememora en dicho espacio. A esta iconografía, se le suman figuras de ángeles, que bajo relieve se visualizan en los muros, señalando con ello parte de la presencia divina que existe en el sitio. Los muebles fueron elaborados en caoba, brindándoles una serie de finos acabados que reflejan elegancia y majestuosidad. Aunado a esto, desde el techo descienden ocho candelabros que con la luz que prodigan dan claridad a todos los espacios de la corte. Todo es esplendido en el interior de la corte: el total de las instalaciones reflejan orden y limpieza.

Tras esta primera impresión, entendí las razones por el que mis amigos extranjeros se molestaran e indignaran. Hoy puedo señalar con certeza que por cuanto a administración de justicia se refiere, el sistema judicial inglés, es el modelo de justicia mejor posicionado y sofisticado en el mundo. Incomparable, si se me permite expresarlo.

Me es menester aclarar que no he recibido apoyo de ningún tipo de parte del gobierno inglés, mucho menos reconocimiento alguno de la Monarquía Británica, para hacer estos comentarios a favor de su sistema legal: simplemente me doy a la tarea de describir y comentar algo respecto de sus leyes y estatutos, la inteligencia y entrenamiento del personal del poder judicial, y los recursos económicos que invierte el gobierno inglés en materia de justicia criminal.

Con respecto al sistema judicial mexicano cabe señalar, por ejemplo, el contenido legal del artículo 20 Constitucional en su fracción VI, que establece lo siguiente: "Será juzgado en audiencia pública por un juez o jurado de ciudadanos que sepan leer y escribir". Sin embargo, cabe puntualizar que en la práctica en ningún momento he observado que el juez del conocimiento asista la audiencia personalmente durante el juicio. Tampoco he constatado o presenciado que a un acusado se le juzgue por un panel de doce ciudadanos Mexicanos.

El artículo 93 del Código Federal de Procedimientos Penales establece lo siguiente:

> Artículo 93.- En las audiencias, la policía estará a cargo del funcionario que la preside.
>
> En los casos en que dicho funcionario se ausentare del local, la policía quedará a cargo del Ministerio Público.
>
> Cuando también el ministerio público abandonare el local en que se efectúe la audiencia, la policía quedará encomendada al jefe de la escolta que haya conducido a los inculpados.

Si se lee con detenimiento el contenido del artículo en cita, se nota la falta de cuidado del legislador mexicano al aprobar leyes de esta índole. Puntualizo esto porque el legislador no debió haber aprobado este tipo de leyes, en razón de que pone en riesgo los principios fundamentales de la administración de justicia. Cabe preguntarse la razón por la cual el legislador delega facultades judiciales a la policía dentro del proceso. ¿Porque habría de ser así? ¿Acaso los pueblos y naciones nos merecemos este tipo de leyes absurdas de parte de nuestros gobernantes y legisladores? Considero que ha llegado la hora de que nuestros jurisconsultos y legisladores hagan algo al respecto para corregir estos errores legislativos, pues resulta por demás decepcionante el artículo en cita, en virtud de que la tarea de impartir justicia debe ser un derecho que le asiste a todo hombre que viene a la corte a solicitar el amparo y protección de la ley cuando enfrenta cargos criminales en su contra, por tanto debe dejarse en manos de un poder judicial capaz de cumplir con tal cometido. Tal como lo establece el Artículo 17 de la Constitución Política de los Estados Unidos Mexicanos.

La cuestión que debemos preguntarnos es la siguiente: ¿por qué habría un juez, en su carácter de autoridad judicial, abandonar la audiencia durante el juicio? Y ante esto, habría que volver a cuestionarse: ¿por qué razón habría la ley facultar al Ministerio Publico para que éste presida la audiencia en caso de que el juez abandone el local? ¿Acaso no es el Ministerio Público la parte que representa los intereses de la víctima? En este tenor, ¿cuáles serían las determinaciones del Ministerio Público frente al acusado, si éste asume el mandato y la autoridad de juez? Lo más delicado del artículo en cuestión es la falta de cuidado que tuvo el legislador para facultar al jefe de la escolta de la policía para que se encargue de conducir un proceso criminal. Sólo es cuestión de imaginar qué tipo de justicia sería ésta si fueran los oficiales de policía los que procuren el derecho a la justicia, personas que en la mayoría de los casos ni siquiera tienen terminada la educación primaria. ¿Qué estaría pensando el legislador cuando aprobó este incoherente artículo? Lo que resulta preocupante es la situación jurídica del acusado: cuando enfrenta cargos criminales en manos de una autoridad con poca preparación y un sistema judicial en el que la propia ley viola los principios esenciales de la verdad y la justicia, que no hace otra cosa que denegar el derecho a la justicia, trátese de la víctima o del acusado.

En este sentido, la formalidad judicial en el procedimiento criminal inglés es tan estricta que ningún juez, por motivos personales o razones generales, abandona la corte, a menos que sea por cuestiones relacionadas con el proceso criminal o ya terminada la jornada de trabajo (que en ciertas ocasiones es hasta las siete o más horas de la noche).

Es importante destacar y analizar el contenido del artículo 20 Constitucional en su fracción novena el cual señala lo siguiente: "Desde el inicio del proceso, el inculpado será informado de los derechos que en su favor consigna la Constitución: entre otros tendrá derecho a una defensa adecuada, circunstancia que en la práctica no acontece, dado que desde un principio el agente del Ministerio Público acostumbra de manera sistemática incomunicar al inculpado, sin que exista la posibilidad de que su abogado lo represente legalmente, violando de forma inmediata los derechos que consiga el artículo mencionado". Esta práctica persiste hasta el momento en que el inculpado comparece ante la autoridad judicial. Cabe señalar que estando bajo custodia, el abogado defensor no puede comunicarse con su cliente, sino hasta después que éste haya emitido su declaración preparatoria ante la autoridad judicial que atenderá el proceso. Tampoco es permitido al acusado comunicarse con persona alguna durante la audiencia de declaración preparatoria, sino hasta después que el acusado decidió o no declarar ante el juez. Estas prácticas sistemáticas reflejan lo inadecuado e injusto que es nuestro sistema judicial criminal. Durante todo el curso del proceso la autoridad judicial se asegura que el abogado defensor no tenga comunicación con su cliente durante las audiencias, además de que las condiciones de la sala no lo permiten, pues el acusado está a espaldas del secretario del juzgado.

El Código de Policía y Evidencias Criminal Inglés establece clara y científicamente las decisiones que deberán tomar los oficiales de policía en una investigación criminal, incluyendo los derechos que le asiste a todo acusado o presunto sospechoso durante la etapa de investigación, de manera que desde que un presunto sospechoso es investigado por la policía inglesa le asiste el derecho para que lo represente un abogado durante las entrevistas que tomen lugar ante el Departamento de Policía. Nunca se deja a un detenido incomunicado o se violentan sus derechos constitucionales, salvo casos muy especiales en que la policía debe interrogar al o a los sospechosos en orden por encontrar y conservar las evidencias en la escena del crimen, o para prevenir algún delito. Estos lineamientos a seguir están impresos de manera muy clara y objetiva en el Código de policía y evidencias Criminal Inglés.

El artículo 20 de la Constitución Política de los Estados Unidos Mexicanos; fue reformado en fecha reciente; para su análisis me permito transcribirlo de la manera como ha quedado aprobado por el poder Ejecutivo y Legislativo.

TÍTULO PRIMERO

CAPÍTULO I. DE LOS DERECHOS HUMANOS Y SUS GARANTÍAS (Reformada la denominación por decreto publicado en el Diario Oficial de la Federación el 10 de junio de 2011)

Artículo 20. El proceso penal será acusatorio y oral. Se regirá por los principios de publicidad, contradicción, concentración, continuidad e inmediación.

Principios generales:

I. el proceso penal tendrá por objeto el esclarecimiento de los hechos, proteger al inocente, procurar que el culpable no quede impune y que los daños causados por el delito se reparen;

II. toda audiencia se desarrollará en presencia del juez, sin que pueda delegar en ninguna persona el desahogo y la valoración de las pruebas, la cual deberá realizarse de manera libre y lógica;

III. para los efectos de la sentencia sólo se considerarán como prueba aquellas que hayan sido desahogadas en la audiencia de juicio. La ley establecerá las excepciones y los requisitos para admitir en juicio la prueba anticipada, que por su naturaleza requiera desahogo previo;

IV. el juicio se celebrara ante un juez que no haya conocido del caso previamente. La presentación de los argumentos y los elementos probatorios se desarrollara de manera pública, contradictoria y oral;

V. la carga de la prueba para demostrar la culpabilidad corresponde a la parte acusadora, conforme lo establezca el tipo penal. Las partes tendrán igualdad procesal para sostener la acusación o la defensa, respectivamente;

VI. ningún juzgador podrá tratar asuntos que estén sujetos a proceso con cualquiera de las partes sin que esté presente la otra, respetando en todo momento el principio de contradicción, salvo las excepciones que establece esta constitución;

VII. Una vez iniciado el proceso penal, siempre y cuando no exista oposición del inculpado, se podrá decretar su terminación anticipada en los supuestos y bajo las modalidades que determine la ley. Si el imputado reconoce ante la autoridad judicial, voluntariamente y con conocimiento de las consecuencias, su participación en el delito y existen medios de convicción suficientes para corroborar la imputación, el juez citará a audiencia de sentencia. La ley establecerá los beneficios que se podrán otorgar al inculpado cuando acepte su responsabilidad;

VIII. el juez sólo condenará cuando exista convicción de la culpabilidad del procesado;

IX. cualquier prueba obtenida con violación de derechos fundamentales será nula, y

X. los principios previstos en este artículo, se observaran también en las audiencias preliminares al juicio.

b. De los derechos de toda persona imputada:

I. a que se presuma su inocencia mientras no se declare su responsabilidad mediante sentencia emitida por el juez de la causa;

II. a declarar o a guardar silencio. Desde el momento de su detención se le harán saber los motivos de la misma y su derecho a guardar silencio, el cual no podrá ser utilizado en su perjuicio. Queda prohibida y será sancionada por la ley penal, toda incomunicación, intimidación o tortura. La confesión rendida sin la asistencia del defensor carecerá de todo valor probatorio;

III. a que se le informe, tanto en el momento de su detención como en su comparecencia ante el ministerio público o el juez, los hechos que se le imputan y los derechos que le asisten. Tratándose de delincuencia organizada, la autoridad judicial podrá autorizar que se mantenga en reserva el nombre y datos del acusador.

La ley establecerá beneficios a favor del inculpado, procesado o sentenciado que preste ayuda eficaz para la investigación y persecución de delitos en materia de delincuencia organizada;

IV. se le recibirán los testigos y demás pruebas pertinentes que ofrezca, concediéndosele el tiempo que la ley estime necesario al efecto y auxiliándosele para obtener la comparecencia de las personas cuyo testimonio solicite, en los términos que señale la ley;

V. será juzgado en audiencia pública por un juez o tribunal. la publicidad solo podrá restringirse en los casos de excepción que determine la ley, por razones de seguridad nacional, seguridad pública, protección de las víctimas, testigos y menores, cuando se ponga en riesgo la revelación de datos legalmente protegidos, o cuando el tribunal estime que existen razones fundadas para justificarlo.

En delincuencia organizada, las actuaciones realizadas en la fase de investigación podrán tener valor probatorio, cuando no puedan ser reproducidas en juicio o exista riesgo para testigos o víctimas. Lo anterior sin perjuicio del derecho del inculpado de objetarlas o impugnarlas y aportar pruebas en contra;

VI. le serán facilitados todos los datos que solicite para su defensa y que consten en el proceso.

El imputado y su defensor tendrán acceso a los registros de la investigación cuando el primero se encuentre detenido y cuando pretenda recibírsele declaración o entrevistarlo. Asimismo, antes de su primera comparecencia ante juez podrán consultar dichos registros, con la oportunidad debida para preparar la defensa. A partir de este momento no podrán mantenerse en reserva las actuaciones de la investigación, salvo los casos excepcionales expresamente señalados en la ley cuando ello sea imprescindible para salvaguardar el éxito de la investigación y siempre que sean oportunamente revelados para no afectar el derecho de defensa;

VII. será juzgado antes de cuatro meses si se tratare de delitos cuya pena máxima no exceda de dos años de prisión, y antes de un año si la pena excediere de ese tiempo, salvo que solicite mayor plazo para su defensa;

VIII. tendrá derecho a una defensa adecuada por abogado, al cual elegirá libremente incluso desde el momento de su detención. Si no quiere o no puede nombrar un abogado, después de haber sido requerido para hacerlo, el juez le designara un defensor público. También tendrá derecho a que su defensor comparezca en todos los actos del proceso y este tendrá obligación de hacerlo cuantas veces se le requiera, y

IX. en ningún caso podrá prolongarse la prisión o detención, por falta de pago de honorarios de defensores o por cualquiera otra prestación de dinero, por causa de responsabilidad civil o algún otro motivo análogo.

La prisión preventiva no podrá exceder del tiempo que como máximo de pena fije la ley al delito que motivare el proceso y en ningún caso será superior a dos años, salvo que su prolongación se deba al ejercicio del derecho de defensa del imputado. Si cumplido este término no se ha pronunciado sentencia, el imputado será puesto en libertad de inmediato mientras se sigue el proceso, sin que ello obste para imponer otras medidas cautelares.

En toda pena de prisión que imponga una sentencia, se computara el tiempo de la detención.

c. De los derechos de la víctima o del ofendido:

I. recibir asesoría jurídica; ser informado de los derechos que en su favor establece la constitución y, cuando lo solicite, ser informado del desarrollo del procedimiento penal;

II. coadyuvar con el ministerio publico; a que se le reciban todos los datos o elementos de prueba con los que cuente, tanto en la investigación como en el proceso, a que se desahoguen las diligencias correspondientes, y a intervenir en el juicio e interponer los recursos en los términos que prevea la ley.

Cuando el ministerio público considere que no es necesario el desahogo de la diligencia, deberá fundar y motivar su negativa;

III. recibir, desde la comisión del delito, atención médica y psicológica de urgencia;

IV. que se le repare el daño. En los casos en que sea procedente, el Ministerio Publico estará obligado a solicitar la reparación del daño, sin menoscabo de que la víctima u ofendido lo pueda solicitar directamente, y el juzgador no podrá absolver al sentenciado de dicha reparación si ha emitido una sentencia condenatoria.

La ley fijará procedimientos ágiles para ejecutar las sentencias en materia de reparación del daño;

V. al resguardo de su identidad y otros datos personales en los siguientes casos: cuando sean menores de edad; cuando se trate de delitos de violación, trata de personas, secuestro o delincuencia organizada; y cuando a juicio del juzgador sea necesario para su protección, salvaguardando en todo caso los derechos de la defensa. (Reformado el primer párrafo mediante decreto publicado en el diario oficial de la federación el 14 de julio de 2011)

El Ministerio Publico deberá garantizar la protección de victimas, ofendidos, testigos y en general todas los sujetos que intervengan en el proceso. Los jueces deberán vigilar el buen cumplimiento de esta obligación;

VI. solicitar las medidas cautelares y providencias necesarias para la protección y restitución de sus derechos, y

VII. impugnar ante autoridad judicial las omisiones del Ministerio Público en la investigación de los delitos, así como las resoluciones de reserva, no ejercicio, desistimiento de la acción penal o suspensión del procedimiento cuando no esté satisfecha la reparación del daño.

Al respecto debo decir que la reciente reforma hecha al artículo Constitucional Mexicano es importante y alentadora; sin embargo, debe ser más precisa en su propósito, ya que como es de observarse no garantiza su observancia, dado que cada Estado tiene su propia legislación y todo dependerá de los cambios que sufran las legislaciones de las entidades federativas que conforman el Estado mexicano.

Para avanzar en materia de Justicia criminal es necesario elaborar un solo código penal y Procesal penal con el objeto de no incurrir en contradicción u oposición al artículo 20 constitucional, toda vez que la costumbre en el proceso judicial seguirá predominando si no se uniforma la ley.

Por ejemplo, habría que contemplar que para que la audiencia sea pública, el Estado deberá construir juzgados amplios, diseñados de tal manera que el público pueda estar confortable mientras se desarrollan las audiencias. Entre otros elementos, el clima es muy importante dentro de la sala de audiencias, para ello el Estado deberá acondicionar justamente las salas para que el juez y las partes del juicio estén confortables mientras estas se desarrollan.

Actualmente es fácil hacer reformas legislativas, dada la oportunidad que tenemos los países en vías de desarrollo al copiar legislaciones de estados de primer nivel, sin embargo es importante recomendar que ha cualquier reforma sigue el entrenamiento que los responsables de impartir justicia deben tener para en su momento hacer cumplir las disposiciones legales. Con esto deseo decir que si el personal judicial del país del que se trate no tiene el entrenamiento apropiado, difícilmente podrá alcanzar el objetivo propuesto. Es importante recalcar entonces que toda persona responsable de impartir justicia debe asistir al tribunal en su carácter de autoridad solo si tiene la capacidad y experiencia profesional para hacerlo; de lo contrario, debe recibir el entrenamiento apropiado antes de comparecer como juez ante un juzgado.

Es necesario también recordarle al ejecutivo y legislador mexicano que cuando se propongan hacer reformas legales lo hagan evitando contradicciones en sus leyes, toda vez que con ello, confunden a las autoridades que imparten justicia, así como a los abogados que intervienen en el proceso; por ejemplo, cabe destacar la contradicción que existe en la reciente reforma del artículo 20 constitucional en sus fracciones VII Y IX. Por ejemplo, la fracción VII establece lo siguiente: será juzgado antes de cuatro meses si se tratare de delitos cuya pena máxima no exceda de dos años de prisión, y antes de un año si la pena excediere de ese tiempo, salvo que solicite mayor plazo para su defensa.

En tanto que la fracción IX, del citado artículo constitucional establece que: en ningún caso podrá prolongarse la prisión o detención, por falta de pago de honorarios de defensores o por cualquiera otra prestación de dinero, por causa de responsabilidad civil o algún otro motivo análogo.

La prisión preventiva no podrá exceder del tiempo que como máximo de pena fije la ley al delito que motivare el proceso y en ningún caso será superior a dos años, salvo que su prolongación se deba al ejercicio del derecho de defensa del imputado. Si cumplido este término no se ha pronunciado sentencia, el imputado será puesto en libertad de inmediato mientras se sigue el proceso, sin que ello obste para imponer otras medidas cautelares. Esto quiere decir que la defensa podrá prolongar el juicio a más de dos a diez años si así lo desea, tal como lo contempla actualmente nuestra legislación. Por tanto, considero que se debe analizar seriamente el contenido de las fracciones referidas, pues parece ser que no hay un límite de tiempo en la impartición de justicia. Lo que como es de suponerse viola tajantemente el artículo 17 de la propia Constitución General de la República.

Lo he mencionado en otro apartado de esta investigación y vale la pena volver a señalarlo: El sistema judicial Ingles se asegura que el juicio dure cuatro semanas, es decir veinte días aproximadamente. En tanto que de acuerdo a la legislación actual en México; es de cuatro meses a dos años o mas, si así lo considera apropiado la defensa; si hablamos de días estaríamos contabilizando ochenta días, para el caso de cuatro meses, y doscientos cuarenta días cuando el proceso dure dos años, o setecientos veinte días cuando el juicio dure mas de tres años.

Con este tipo de legislación judicial, aunado a nuestra cultura e informalidad jurídica, se permiten casos en los que los acusados enfrentan largos procesos judiciales, algunas veces por mas de cinco años; cuando la pena máxima del delito que enfrenta muchas veces es de un año en prisión; en tales casos; el inculpado contribuye con el estado sacrificando su libertad personal con cuatro años injustos en cautiverio. Tales anomalías y atropellos siguen siendo un reto pendiente a corregir.

En la legislación pasada, la fracción IV del artículo 20 constitucional mexicano establecía que el inculpado podrá ser careado en presencia del juez, con quien deponga en su contra. De hecho, en la práctica y aun cuando la presencia del juez es ilusoria, los abogados defensores siempre ofrecemos esta prueba a favor de nuestros clientes, denominada por la justicia criminal mexicana "careos constitucionales". Es penoso señalarlo, pero el desahogo de tal probanza es tan vergonzosa que cuando se calientan los ánimos de las partes ha carearse, la audiencia termina siendo un verdadero circo romano. Hay de todo, hasta palabras ofensivas y altisonantes se hacen escuchar en la sala de audiencia. Si bien es cierto, la prueba en mención es contemplada dentro del sistema criminal anglosajón, no obstante, sólo toma lugar en la etapa de investigación criminal, a esta prueba ellos la denominan "prueba de confrontación" y su única función es para identificar a los presuntos sospechosos en la etapa de investigación. En modo alguno, tal prueba, toma lugar en una corte inglesa. Para el sistema criminal anglosajón, esto sería una ofensa a su cultura y a su sistema democrático de impartición de justicia.

Pese a lo penoso que resulta verter críticas a las leyes del procedimiento criminal mexicano, es importante hacer algo al respecto e impulsar los cambios estructurales necesarios para que durante la etapa de investigación criminal, el Ministerio Público cumpla con su cometido de manera cuidadosa, responsable y científica, pues por el momento la citada institución pública carece de los elementos esenciales para impulsar el desarrollo de una investigación profesional y, por ende, la falta de interés y disposición de su personal da como resultado que las víctimas opten por abandonar los casos o en última instancia hacerse justicia por su propia mano. Ya es hora de que nuestras autoridades judiciales abandonen la tortura, como uno de sus métodos preferidos para lidiar en cuestiones de investigación criminal.

Con base en lo señalado, mencionaré dos casos que dominaron la opinión pública de México y en los que perdieran la vida dos jóvenes mexicanos: Me refiero a los casos de homicidio del hijo de la señora Isabel Miranda de Wallace, y el hijo del señor Fernando Martí, quienes a falta de interés de parte de las autoridades ministeriales, las citadas personas optaron por propia cuenta investigar y capturar a los presuntos asesinos de sus hijos, para posteriormente entregarlos a las Autoridades Ministeriales. ¡Qué pena y vergüenza señalarlo!

Dado que el Ministerio Público en México tiene monopolizada la etapa de investigación criminal, en la mayoría de las ocasiones el representante social y su personal apoyan más a los presuntos culpables que a las víctimas. Esto no señala que a los sospechosos se les tenga que violentar sus derechos dentro de la investigación criminal, por lo contrario, el representante social debe asumir una actitud imparcial, pronta, responsable y científica.

Ahora bien, resulta por demás increíble que en pleno siglo veintiuno la ciencia forense no forme parte dentro de la investigación criminal de países en vías de desarrollo, pues basta solamente el señalamiento de dos testigos para que un presunto sospechoso sea incriminado de manera injusta por cualquier delito.

En Inglaterra, la ciencia forense es parte del sistema de investigación criminal, dado que las imputaciones realizadas a los presuntos culpables no hacen prueba plena en un juicio si éstas no son respaldadas y corroboradas con pruebas científicas recabadas durante la etapa de investigación. Gracias a los aportes de la ciencia forense, muchos crímenes han sido resueltos, deteniendo, juzgando, absolviendo o sentenciando de manera pronta y oportuna a los presuntos responsables, durante la investigación o dentro del juicio seguido en contra de los acusados.

A lo largo del proceso criminal, la justicia criminal británica faculta a doce miembros del jurado para que escuchen los casos traídos a la corte y sean ellos quienes decidan si el acusado es o no culpable del o de los delitos que imputa el Departamento de Acusaciones Públicas en contra de estos, evitando con ello que el juez ostente el poder absoluto dentro de cualquier controversia judicial, donde –en la mayoría de las legislaciones del mundo– el juez decide de manera unilateral sobre la inocencia o culpabilidad del o los acusados. En el procedimiento criminal inglés no se maneja el monopolio judicial o el poder absoluto de las autoridades judiciales, elemento que deberían considerar los países emergentes y en vías de desarrollo. Recordemos la máxima que dice: "el poder absoluto corrompe".

El artículo 42 del citado Código Procesal Penal para el Estado de Guerrero establece entre otras cosas que:

- Las audiencias serán públicas.

- Deberán concurrir el inculpado y su defensor, así como el Ministerio Público. Cuando no concurra alguno de ellos, el tribunal diferirá la audiencia.

- Sin perjuicio de hacer uso de las correcciones y las medidas de apremio que juzgue pertinentes. Si el ausente es el defensor, se designará en el acto un defensor de oficio para que intervenga en la misma audiencia o en la posterior que se determine. Cuando el inculpado estuviese impedido para concurrir a la audiencia, se negase a asistir o fuere expulsado por alterar el orden, el tribunal adoptará las medidas que juzgue adecuadas para garantizarle el derecho de comparecer, estar enterado de la marcha del proceso y ejercer su defensa.

Con todo esto, parece ser que ni el legislador ni los gobernantes, ni los gobernados, tenemos la menor idea de lo que es un trabajo responsable y profesional dentro del poder judicial.

Resulta por demás contradictorio el artículo en cita, dado que por un lado, la autoridad judicial expulsa al acusado al alterar el orden y al mismo tiempo la misma autoridad judicial adoptará las medidas que juzgue adecuadas para garantizarle al acusado el derecho de comparecer a la audiencia. Hay que señalar que en las cortes criminales de Inglaterra nunca se altera el orden, mucho menos se alteran las audiencias. Existe orden, silencio y respeto absoluto entre las partes.

En una de las diversas audiencias a las que asistí a la corte, observé a un joven que se encontraba dentro de la galería del público, interrumpiendo el cauce de la audiencia. El juez Leaver, molesto ante la actitud del joven, lo amonesto diciéndole: "¡Compórtate civilizadamente, de lo contrario me veré en la necesidad de solicitar a los guardias te conduzcan a la salida de esta sala! ¡Si crees que te encuentras en un mercado persa, estás muy equivocado!" Ante tal enérgico señalamiento, apenado, el joven guardó silencio.

El legislador mexicano ha diseñado un código de impartición de justicia fuera de todo contexto legal y lógica jurídica, en razón de que la misma ley da la pauta al defensor del acusado, como al Ministerio Publico, para que no asistan a las audiencias si así lo desean, evento que resulta por demás absurdo, puesto que con este tipo de legislación nunca se conocerá la verdad en un caso criminal que se sigue en contra de algún acusado. En Inglaterra, por ejemplo, esto no sucede nunca: en razón de que las audiencias siempre concurren todas las partes. Las audiencias siempre son atendidas por el mismo juez, por la misma defensa, por el mismo fiscal, por los mismos miembros del jurado: desde el principio hasta el fin, y ninguno de ellos falta a las audiencias. Todo se toma con respeto y seriedad. La excelencia no es un acto, sino un hábito.

En este tenor de ideas, hay que destacar la falta de seriedad del legislador local y federal mexicano al haber diseñado de manera desordenada los artículos del Código Procesal Penal vigente. Sólo basta observar el desorden y confusión existente en los artículos 1, 28, 31, 32, 54 y 58 del código penal y procesal penal para el estado de Guerrero. Dichas disposiciones legales nada tienen que ver con la etapa procesal penal que se instruye en contra de alguien. Estos artículos corresponden meramente a la etapa de investigación criminal. En Inglaterra existen cuatro etapas en el proceso criminal. Primeramente, está la etapa de investigación: en ella interviene el Departamento de Policía, detectives y científicos forenses. Posteriormente, interviene el Director de Acusaciones Públicas, quien después de haber analizado las particularidades del caso, decidirá en todo caso si ejercitará acción penal en contra del presunto sospechoso. Ya estando la causa penal en la corte de los magistrados, estos después de haber analizado la competencia y otras particularidades del, o los cargos criminales, decidirán finalmente si la causa penal será resuelta por ellos mismos, o decidan enviar el caso ante la Corte de la Corona, donde un juez de la más alta jerarquía judicial decidirá finalmente.

Asimismo, hay que destacar la persistente falta de respeto en que insiste el legislador mexicano al emplear términos jurídicos que no se relacionan con el derecho, por ejemplo, el término *Ministerio Público*, asignado a la institución que investiga los delitos en México, puede ser cualquier institución pública o privada que brinda un servicio social a la comunidad, que no se relaciona en absoluto con una investigación criminal. En Inglaterra, los términos son los correctos y adecuados: al Ministerio Publico ellos le llaman *Departamento de Acusaciones Públicas*.

En este sentido, sin duda alguna los ingleses se dieron a la tarea de estructurar un Estado próspero y moderno y lo hicieron recopilando modelos legales de otros estados y naciones que ellos consideraron estaban adelantados a su época. Así por ejemplo, adoptaron un sinfín de conocimientos jurídicos y administrativos del imperio Romano, Egipcio, Grecia, China y de la India, entre otras civilizaciones. Los juicios orales sin duda alguna fueron tomados de las culturas Grecorromanas. No olvidemos la fuerte influencia que tienen los estatutos de Dios, en el sistema legal de este país. Inglaterra es un país abierto, disciplinado, organizado, moderno y comprometido con la verdad y la excelencia. Hoy en día, Inglaterra cuenta con el sistema jurídico mejor diseñado y posicionado en el mundo.

Capítulo 1

LA CIUDAD DE PRESTON Y SU CORTE

1.1 La ciudad de Preston

La ciudad de Preston se encuentra ubicada al noroeste de Inglaterra, en el condado de Lancashire. Es la capital administrativa de ésta, y se caracteriza porque alberga grandes negocios y casas comerciales. Preston, al igual que todos los condados de Inglaterra, juega un rol importante en la industria, la ganadería y la agricultura. Los centros educativos –como el Politécnico W. R. Tucson Collage– forman parte fundamental de esta placentera urbe.

En el centro de la ciudad, se encuentra erguida la impresionante corte de la Corona de Preston. Este monumental edificio es la nueva casa de sesiones, la cual fue terminada en el año de 1903, recién iniciado el siglo XX, y que reemplazó a la anterior sede, que databa de 1827. Su estructura imponente no entra en conflicto con el resto de las edificaciones que se hallan en rededor, debido a los elementos renacentistas que presentan, los cuales fueron diseñados por el arquitecto Henry Lattler.

La primera piedra de este edificio fue colocada por el conde de Derby, el 22 de febrero de 1900; acto simbólico con el que se inició la construcción, la cual tuvo un costo total de $90 000.00 libras esterlinas. Y si algo caracteriza a esta construcción son dos elementos: su fino acabado (el cual se realizó con piedras longridge y estuvo a cargo del señor James Walniley) y la torre que se eleva en lo alto de la propia corte.

En el interior de la corte, existen dos salas de sesiones, las cuales se encuentran situadas una frente a otra, mientras que la sala de espera se halla ubicada en la parte central del edificio. Cuenta con salas de magistrados, salas del jurado, la librería (la cual es exclusiva de la corte y abogados), la sala de procuradores, la sala de los testigos, dos celdas y un restaurante.

La corte de la Corona absorbe asuntos y problemas legales de los condados de Blackburn y Leyland. Asimismo, resuelve problemas del orden civil y criminal, incluyendo debitos de cualquier suma. Debido al aumento de la población e incremento de los crímenes, se han sumado a la corte cuatro salas de sesiones y otros departamentos administrativos, los cuales en origen no poseía.

1.2 Departamento de Acusaciones Públicas

El Departamento de Acusaciones Públicas (DAP) de la Corona es la estancia que, junto con el Departamento de Policía, conducen las investigaciones criminales en Inglaterra. El Departamento de Acusaciones Públicas es responsable a nivel nacional y está representado por el Director de Acusaciones Públicas, quien está facultado para conducir las investigaciones criminales que emprende el Departamento de Policía.

Entre las facultades que tiene el Departamento de Acusaciones Públicas son las siguientes:

1.- Le compete presentar los cargos criminales a los acusados, ante la Corte.

2.- Indica a los oficiales de policía las líneas de investigación de los delitos cometidos en Inglaterra.

3.- Toma decisiones en relación con la investigación criminal realizada por los oficiales de policía.

4.- En resumen, el DAP, en coordinación con el Departamento de Policía, son los responsables de las investigaciones de las ofensas criminales cometidas en Inglaterra.

1.3 Las audiencias

Durante las audiencias, frente al juez, el fiscal y la defensa, se observan tres expedientes idénticos resultado de las investigaciones criminales realizadas por el Departamento de Policía. En su momento serán objeto de análisis frente a los miembros del jurado.

En las audiencias se aprecia la presencia de un gran número de científicos forenses en las diferentes ramas del conocimiento humano, quienes de manera ordenada comparecen ante la Corte a efecto de contestar cualquier pregunta relacionada con su dictamen. A menudo se aprecian en la sala sofisticados aparatos científicos con los que los expertos forenses explican a la Corte los resultados de sus investigaciones. Entre otros expertos los hay en materia de dactiloscopia, balística, medicina forense, antropología, biología y aeronáutica, todos ellos proporcionados por el Departamento de Acusaciones Públicas.

En la introducción del juicio, el fiscal hace alusión a los miembros del jurado, que cuenta con todas y cada una de las evidencias con las que pretende demostrar la culpabilidad del acusado. Cita a los miembros del jurado que, durante el juicio, los científicos forenses responderán ante ellos cuestiones relacionadas con los dictámenes científicos emitidos por ellos mismos durante la etapa de investigación criminal. Para que esto suceda, un sinfín de pruebas científicas son traídas a la Corte desde la escena del crimen. Uno por uno, los científicos forenses jurarán ante la Corte decir la verdad. Acto seguido son cuestionados primeramente por el fiscal, la defensa y el juez. Al finalizar el juicio, ninguna duda razonable habrá quedado pendiente respecto de sus dictámenes antes de resolverse el caso.

De tal manera que es responsabilidad del Departamento de Acusaciones Públicas incriminar al acusado de manera directa con las evidencias encontradas en la escena del crimen.

A menos que existan pruebas científicas suficientes que vinculen al criminal con el delito desplegado, ninguna acusación criminal tomará lugar en cortes de la Corona en el Reino Unido, en contra de persona alguna. El testimonio de dos testigos no hace prueba plena para incriminar a una persona en este país.

Algunas veces pude observar la presencia de ciertos funcionarios públicos durante los juicios. Fui informado que son miembros de la Comisión Real. Durante las audiencias permanecen sentados a un lado del juez. Estos personajes de la Comisión Real Británica, asisten con el propósito de observar la forma en como el Juez conduce el juicio. Al finalizar su cometido, entregara a la Comisión Real un informe detallado en relación con las actividades del juez. Para alcanzar la perfección en administración de justicia; la Monarquía Británica observa de cerca el Poder Judicial Ingles, a fin de que ellos administren justicia tal como lo espera el Pueblo Ingles. La Reina Isabel II, informa oportunamente a su país, el estado general que guarda el Reino.

Es importante destacar el respeto que tiene la Reina Isabel II a su pueblo. De la misma forma sus súbditos tienen un profundo respeto y admiración por su monarca, quien en todo momento se asegura que el Reino Unido este en orden y en Paz.

1.4 El departamento de Policía

Con mas de mil quinientos sesenta y ocho párrafos, y mas de noventa y cuatro mil palabras, y con el índice mejor organizado del que el hombre pueda tener memoria, el gobierno Ingles a diseñado el código de investigación criminal mejor avanzado en el mundo a disposición del departamento de policía, personas detenidas y miembros del publico.

El Código de Policía y Evidencias Criminal Inglés establece de manera clara y precisa cual debe ser el proceder de los oficiales de policía cuando tienen que investigar las ofensas criminales cometidas en Inglaterra. Asimismo, señala las garantías que tiene todo individuo cuando se le esta investigando o se le ha incriminado de cualquier ofensa cometida por este. El trato de los oficiales de policía es tal que no se les permite presionar de manera física o moral al presunto sospechoso en aras por hallar evidencias en su contra. No obstante, el Código de Investigación Criminal sí permite a los oficiales de policía emplear la fuerza necesaria para someter a los presuntos sospechosos cuando no están cooperando con el orden.

El código también establece las reglas para solicitar a los presuntos sospechosos proporcionen muestras de semen, sangre, sudor, saliva, huellas dactilares o vellos, con el objetivo de realizar el estudio de comparación genética en relación con las evidencias encontradas en la escena del crimen. Cuando el o los sospechosos se oponen a tales solicitudes, los oficiales advierten a estos que de no contar con su cooperación, dicha actitud negativa será dada como evidencia ante la corte.

El Departamento de Policía (DP) cuenta con expertos forenses, quienes se presentan inmediatamente en la escena del crimen, con el objeto de acordonar el área y recabar todo tipo de evidencias, mismas que servirán para relacionarlas con el o los presuntos sospechosos. No obstante, el DP comisiona a más de sesenta oficiales de policía de todo rango en la investigación de un crimen, con la finalidad de agilizar la investigación y presentar ante la justicia a los presuntos infractores de la ley.

Sin embargo, y pese a esta coordinación casi exacta, hay ocasiones en que los presuntos responsables logran evadir la acción de la justicia, mas se han dado casos en los que la autoridad judicial captura a los infractores de la ley con los que no se habían podido aprender, incluso treinta años después de cometido el crimen, para ser juzgados y sentenciados, y esto se debe a que el departamento de policía resguarda las evidencias recabadas en la escena del crimen, en la etapa de la investigación criminal.

Para que la labor que brinda el Departamento de Policía pueda lograrse, el Estado recluta a hombres con vocación e interés en el oficio. El Estado se encarga de que todo oficial de policía reciba el entrenamiento adecuado, incluyendo el trato que deben brindar al público: la cortesía y trato humano con que los oficiales tratan a sus conciudadanos son la esencia primordial de los oficiales de policía de Inglaterra. Los oficiales no portan armas en el ejercicio de sus atribuciones. El único personal que puede portar armas es un grupo especial de oficiales dentro del DP, denominado "francotiradores". Estos oficiales participan únicamente en casos especiales y de suma delicadeza.

Para ayudar a capturar a los presuntos culpables, el DP tiene el programa televisivo llamado *Crime watch*, el cual se transmite los viernes por la noche. El objetivo de este programa televisivo es con el objeto de que la sociedad participe, observando las recreaciones de las escenas del crimen desplegado y de esta forma aporten pistas sobre el paradero de los presuntos sospechosos, y agilizar de esta manera la captura de los infractores de la ley. Es, pues, este programa una herramienta más dentro de la estructura del poder judicial de Inglaterra.

En el programa *Crime watch*, se recrean las escenas del crimen para que el público en general coopere de manera directa con el departamento, a través de una llamada vía telefónica.

Cuando el presunto sospechoso es detenido, es conducido al Departamento de Policía donde lo ubican en una sala especial, en la que tanto testigos como víctimas puedan identificarlo de manera directa. El método es sencillo: mientras los testigos o la victima identifican al o los sospechosos, éstos no pueden observar a sus identificadores, debido al cristal especial con que cuenta la estancia. Este método de identificación se le denomina "Método de identificación por fila o grupo de identificación".

Durante el proceso de identificación el o los oficiales solicitan a los sospechosos adopten las posturas que indique el testigo, con el propósito de que los testigos puedan identificar con certeza a los presuntos sospechosos.

El DP también contempla el método de identificación por fotografías. Para ello posee un amplio archivo de fotografías, como de retratos hablados, a los cuales la víctima tiene acceso para identificar al o los presuntos sospechosos.

Una vez que el testigo ha identificado al o los sospechosos, los oficiales de policía se abocan en su búsqueda y captura. Al ser encontrados se les invita comparezcan ante el departamento de policía donde serán interrogados por los oficiales, allí mismo se le o (les) pedirá proporcionen muestras de ADN, a fin de que los expertos forenses puedan realizar el estudio de comparación genética que corresponda con las evidencias encontradas en la escena del crimen.

Cuando los sospechosos sufrieron algún menoscabo o daño moral durante las investigaciones, los oficiales de policía dejan en manos de éstos los documentos correspondientes, donde se les indica que podrán comparecer ante el Departamento de Policía a pedir una compensación económica, si consideran que tienen derecho a ello. Si el sospechoso considera que los oficiales de policía se excedieron en sus facultades durante la investigación, tienen el derecho presentar la denuncia penal que en derecho proceda en contra de éstos.

En tales casos, el Director de Acusaciones Públicas inhabilitará al u oficiales de policía, y pondrá en marcha una investigación independiente con miras a resolver la acusación planteada. En el caso de que dichas acusaciones sean ciertas, existe la posibilidad de que el oficial de policía se le releve del cargo, y se proceda en su contra por los delitos de "asalto y batería".

El Departamento de Policía cuenta con un área en el que se resguardan todos los objetos extraviados o hallados en la vía pública, y que el público y/o los oficiales de policías traen al departamento. Mientras que el oficial de policía describe los objetos, la cámara de televisión los enfoca para que el público pueda identificarlos. Cuando alguien identifica el objeto de su propiedad, podrá comparecer ante el Departamento a solicitar la entrega del mismo, una vez que ha acreditado la propiedad del objeto televisado.

Este orden sistemático, se logra debido a que existe únicamente una policía nacional, lo que permite una uniformidad y respeto en las relaciones entre Estado y sociedad.

El Código de Investigación Criminal Inglés está integrado por cuatro secciones:

1.- La facultad de los oficiales de policía para parar y registrar.

2.- La inspección de muebles e inmuebles, edificios y el prendimiento, captura y confiscación de objetos encontrados en las personas o propiedad de las personas por los oficiales de policía.

3.- La detención, trato y entrevistas de las personas, por los oficiales de policía.

4.- La identificación de las personas por los oficiales de policía.

1.5 La corte de magistrados

Todos los casos del orden criminal son enviados a las Cortes de Magistrados. Los magistrados decidirán –entre otros aspectos– si la ofensa criminal presentada ante ellos, será resuelta por ellos mismos.

Cuando los Magistrados consideran que la ofensa presentada ante ellos no es de su competencia declinan su intervención enviando el caso criminal ante la Corte de la Corona, donde un juez del más alto rango judicial resolverá sobre el particular.

1.6 El sistema criminal inglés

El sistema criminal inglés garantiza a nacionales y extranjeros un trato digno durante la etapa de investigación criminal conducido por el Departamento de Policía y de Acusaciones Públicas. Asimismo, se asegura que toda persona que va a enfrentar un juicio criminal cuente con las garantías de seguridad y legalidad jurídica. Los jueces deben estar bien informados que las declaraciones dadas por los presuntos sospechosos ante el Departamento de Policía, hayan sido dadas por voluntad propia, sin que haya mediado presión física o moral, y que durante la etapa de investigación el sospechoso haya sido asistido por un abogado particular, o por cualquier otro pagado por el estado.

Con esto, la justicia británica garantiza a todo acusado natural o extranjero un juicio justo, asistido por un panel de doce ciudadanos ingleses, quienes decidirán en todo caso, si el acusado es culpable o inocente de las ofensas criminales presentadas en su contra. Doce ciudadanos del Reino Unido serán elegidos y seleccionados de manera democrática frente al acusado durante el proceso criminal.

Durante el proceso, ningún reportero o medio de comunicación masiva publicará cuestiones implicadas dentro del proceso criminal relacionadas con las evidencias del delito desplegado, con excepción de aquellas evidencias que hayan sido desahogadas en la corte durante las audiencias. Esto es así para evitar que la información dada por los medios de comunicación al público, contamine la mente de los miembros del jurado. Cualquier desobediencia a estos principios legales seria motivo de un nuevo juicio criminal, debiendo decir que los propietarios de los medios de comunicación enfrentarían serias demandas civiles y criminales, por desacato a un mandato judicial. En Inglaterra cuando se demanda a la prensa por cuestiones de desacato judicial, se les imponen multas elevadas.

Es importante destacar el principio legal inglés siguiente: "La justicia debe observarse para ser hecha".[1] Éste es uno de los principios fundamentales del sistema judicial inglés, con el que se construye la justicia día a día en las cortes de la corona de Inglaterra. Este principio significa que las audiencias deben estar presididas siempre por el mismo juez, el fiscal, la defensa y miembros del jurado, y demás personas que tengan que ver con el juicio.

Es de destacar el principio de que cualquier confesión dada a los oficiales de policías por el sospechoso, podrá ser dada en la corte, sólo si el acusado la dio voluntariamente.

Existe en cada estación de policía, las reglas de los jueces y direcciones administrativas para que los oficiales de policía, personas detenidas y miembros del público las consulten. Especialmente para que los oficiales de policía las consulten durante la investigación criminal o cuando tienen que entrevistar a un sospechoso o cuando se tiene que inspeccionar a alguien, a su propiedad o han encontrado suficientes motivos o pruebas para detener a un sospechoso.

Cuando los oficiales de policía han entrevistado a alguien o han inspeccionado la propiedad de alguien en ausencia de su propietario, siempre se aseguran que el propietario del bien mueble o inmueble se informe de la inspección hecha por estos, y los resultados de la misma. En la acta, los oficiales de policía incluyen su nombre, rango y la estación de policía a la cual pertenecen, con el objeto de dar a la persona la oportunidad de presentar

---

[1]   "Justice most be seen to be done."

la denuncia que en derecho proceda si considera que los oficiales de policía han incurrido en alguna falta en el ejercicio de las investigaciones, pudiendo comparecer ante el DP a solicitar la compensación que corresponda, o presentar la denuncia correspondiente en contra de los oficiales, si es el caso. Cualquier violación de los derechos de los ciudadanos por parte de los oficiales de policía, podría traer serias consecuencias para estos, especialmente si el oficial de policía no demuestra ante la Corte los motivos de su actitud.

Capítulo 2

LOS JUECES

La reina Victoria decía que la Biblia era el fundamento legal de la supremacía del imperio Británico. Dentro de las anécdotas de su alteza real se menciona que estando ella en el templo escuchando el sermón del pastor, quien, por cierto, describía el maravilloso regreso del Mesías Jesús de Nazaret, interrumpiéndole le preguntó: "dime cuándo será la venida de nuestro rey, el todo poderoso, para que yo ordene le diseñen la corona más bella del imperio británico".

Con esto quiero decir una vez más, que los ingleses adoptaron todas las reglas y enseñanzas bíblicas a su sistema administrativo y del procedimiento criminal inglés, por ende, incluye todos los estatutos del libro sagrado de Dios. Veamos por ejemplo, en Éxodo 18, versículos 13-27, páginas 110 y 111, de *La Santa Biblia*, del Antiguo Testamento –antigua versión de Casiodoro de Reina (1569–, Moisés nombra a los jueces de la siguiente forma:

> Y aconteció otro día que se sentó Moisés a juzgar al pueblo, y el Pueblo estuvo delante de Moisés desde la mañana hasta la tarde. Y viendo Jetro, suegro de Moisés todo lo que él hacía con el pueblo, dijo: "¿Qué es esto que haces tú con el pueblo? ¿Por qué te sientas tú solo, y todo el pueblo está delante de ti, desde la mañana hasta la tarde?" Y Moisés respondió a su suegro: "Porque el Pueblo viene a mí para consultar a Dios. Cuando

tienen negocios vienen a mí y yo juzgo entre el uno y el otro, y declaro las ordenanzas de Dios y sus leyes".

Entonces el suegro de Moisés le dijo: "No haces bien. Desfallecerás del todo, tú y también este pueblo que está contigo; porque el negocio es demasiado pesado para ti; no podrás hacerlo tú solo. Oye ahora mi voz, yo te aconsejare y Dios será contigo.

Tú vas a ser el representante del pueblo delante de dios, y somete tú los negocios a Dios. Y enseña a ellos las ordenanzas y las leyes, y muéstrales el camino por donde anden, y lo que han de hacer. Además inquiere tú de entre todo el pueblo varones de virtud, temerosos de Dios, varones de verdad, que aborrezcan la avaricia, y constituirás a éstos sobre ellos caporales sobre mil, sobre cien, sobre cincuenta y sobre diez, los cuales juzgarán al pueblo en todo tiempo, y será que todo negocio grave lo traerán a ti, y ellos juzgarán todo negocio pequeño. Alivia así la carga de sobre ti, y la llevarán ellos contigo.

Y oyó Moisés la voz de su suegro, e hizo todo lo que dijo. Y eligió Moisés varones de virtud de todo Israel, y los puso por cabeza sobre el pueblo, caporales sobre mil, sobre cien, sobre cincuenta y sobre diez. Y juzgaban al pueblo en todo tiempo; el negocio arduo lo traían a Moisés y ellos juzgaban todo negocio pequeño.

En este tenor, los jueces de la Gran Bretaña son personas entrenadas y capacitadas para impartir justicia y hacer valer el derecho. Los jueces son elegidos bajo el más estricto escrutinio del pueblo inglés, donde la sociedad en su conjunto participa de alguna u otra forma en su elección. Por lo regular, se eligen a hombres maduros, capaces y mayores de cincuenta años. Dejar la administración de justicia en manos de jóvenes inexpertos es una falta de respeto a la sociedad de parte del poder judicial.

Durante los juicios se presentan muchas peticiones legales solicitadas tanto por el fiscal como por la defensa, peticiones que son atendidas y aprobadas en tiempo real por el juez. Además de los conocimientos que tienen los jurisprudentes británicos de los estatutos de Jehová y sus leyes, también se encuentran capacitados para despejar cualquier inconformidad de los fiscales, así como de la defensa durante el proceso. Por ejemplo: durante el juicio de extradición que se siguió al dictador Augusto Pinochet en 1989 en una de las cortes más famosas de Inglaterra, el fiscal al observar que el acusado ingresaba a la sala de audiencia en silla de ruedas, reclamando simpatías por su vejez, señaló tajantemente: "¡Dejemos que el acusado entre a la corte caminando, tal como lo hace en el interior de su mansión que tiene rentada en las afueras de Londres!" El lord que atendió el caso de extradición, con gran oportunidad, respondió el reclamo e inconformidad del fiscal diciéndole: "No podemos prohibirle al señor Pinochet caminar dentro de su mansión". [2]

Si se asiste a un juicio judicial inglés, se podrá observar que semeja mucho a una obra de teatro, pues el protocolo y las características que lo envuelve así lo revelan; pero en realidad es más que eso, dado que dentro del mismo existe una gran responsabilidad y respeto entre las partes que conforman la corte.

Los jueces siempre recuerdan a todo asistente que en la corte hay orden, y la finalidad de traer las controversias judiciales ante la autoridad es para solucionarlas con inteligencia y justicia.

Antes de que los jueces británicos resuelvan sobre una controversia judicial, primeramente escuchan con atención, averiguan la verdad de lo sucedido y comprenden con claridad las cuestiones implicadas.

Es común escuchar al juez decir a los abogados durante la audiencia: "¿Y qué dice el fiscal en relación con la petición que nos hace la defensa?" Entonces, si el fiscal considera necesario hacer algún argumento de su parte podrá hacerlo, y una vez que el juez ha escuchado a las partes y existe conformidad entre el fiscal y la defensa, resuelve sobre la petición o cuestiones planteadas.

También se puede escuchar al juez decir al fiscal y defensa: "Me gustaría analizar esta solicitud a solas; por favor, denme unos minutos para analizar

---

[2] Esta información la podemos consultar en la mayoría de los periódicos británicos, que cubrieron momento a momento el juicio de extradición que se hiciera al dictador Augusto Pinochet, a solicitud del Gobierno Español en el año de 1989.

en privado los argumentos y planteamientos que ustedes me piden." En esos momentos vemos al juez partir a su privado donde analiza de manera objetiva las cuestiones solicitadas. Minutos después el juez regresa ante la corte con su decisión.

Cuando el delito del que se acusa al reo es muy serio, el juez a menudo dice a la defensa: "Señor, (menciona el apellido de la defensa) le suplico que no me presente solicitudes fuertes en relación con el caso; por favor trate de que sus aplicaciones estén al alcance de las circunstancias, en virtud de que se trata de un caso muy serio, y por tales razones me temo que no estaré dispuesto en atender favorablemente las peticiones que usted me presente". "Gracias, su señoría, por hacérmelo saber", responde la defensa.

Durante el juicio de asalto indecente que el Departamento de Acusaciones Públicas imputó a un hombre mayor de edad, el fiscal señalando al juez que la víctima era un menor de edad, solicito al Juez Sanderson Temple autorizar el interrogatorio en ausencia del acusado. El fiscal argumentó que el menor de edad estaría bajo presión sicológica en presencia del acusado. El juez Temple manifestó que no podía acceder a su solicitud, en virtud de que tal petición violaría los derechos fundamentales que le asiste a todo acusado. Sin embargo, ordenó a sus asistentes instalaran una cortina de plástico que ubicó entre el acusado y la parte agraviada para evitar con ello que durante la audiencia la victima observara al acusado. De esta forma, la audiencia retomó su curso legal.

En 1989, cuando me encontraba realizando la presente investigación en el Reino Unido, pude constatar que los jueces de Gran Bretaña son servidores públicos comprometidos con la administración de justicia, quienes de manera inteligente, imparcial e independencia judicial resuelven junto con los miembros del jurado los casos criminales presentados ante la corte.

De igual forma pude darme cuenta que la administración de justicia no esta comprometida con nadie; solo con la verdad. Los jueces resuelven los casos criminales con independencia judicial. Esto quiere decir que los jueces al resolver los casos traídos ante la corte, lo hacen sin coacción alguna, ni bajo actos de corrupción a solicitud previa de algún funcionario publico del gobierno Ingles. En virtud de que las audiencias se desarrollan a la luz publica, no pude notar ningún acto de corrupción o soborno inducido por la víctima o parte acusada. Los ingleses son muy especiales y exigentes en estos casos. De hecho a lo largo del juicio y en especial durante los discursos finales se escucha decir a los abogados y juez lo siguiente: Miembros del jurado ningún sentimiento debe tomar lugar en ustedes, juzguen el presente caso, tal como ustedes desearían ser juzgados.

A continuación me permito redactar la entrevista que me concedió el Juez SANDERSON TEMPLE.

JUEZ: Pase por favor.

DAVID SUASTEGUI MARTINEZ: Buenos días su señoría.

JUEZ: Buenos días joven.

DAVID SUASTEGUI MARTINEZ: Su señoría gracias por concederme esta entrevista.

JUEZ: Eres Bienvenido, dime que le hace venir por aquí desde México y en que puedo ayudarle.

DAVID SUASTEGUI MARTINEZ: Su señoría primeramente quiero decirle que estoy muy impresionado de la forma en como ustedes imparten justicia en su país.

JUEZ: Realmente. ¿Quieres decirme porque?

DAVID SUASTEGUI MARTINEZ: En primer término quiero informarle que en mi país nuestro sistema judicial no contempla la figura jurídica de un jurado.

JUEZ: Ya veo.

David Suastegui Martínez: Señor Sanderson Temple, ¿podría ser tan gentil de informarme de qué manera basan ustedes sus sentencias o resoluciones judiciales?

JUEZ: *Nuestras sentencias y decisiones judiciales son basadas en la propia interpretación de juicios precedentes y actos del parlamento.*

Comentarios del autor: Cabe decir que en la introducción de los juicios, tanto el fiscal como la defensa solicitan al juez que el o los reos sean juzgados con base en juicios que ya han sido escuchados en las cortes del Reino Unido. Un ejemplo de ello es que, cualquiera de las partes podrá solicitar al juez atienda el caso basado en un caso que tuvo lugar hace más de 500 o 600 años, siempre y cuando el caso presentado ante la corte sea similar al que se desea y pretende adecuar. A esto se le conoce como casos precedentes.

Para convencer al juez, el fiscal o la defensa tendrá que regresar al pasado he indicar al juez por qué razón desea que el caso precedente sea tomado en cuenta en el presente asunto. Una vez que el juez ha discutido entre las partes sobre el particular, decidirá en todo caso si accederá a las pretensiones de la defensa o el fiscal.

Durante esta etapa preliminar al juicio, tanto el juez, como la defensa y el fiscal intercambian sus puntos de vista legales, mientras consultan una serie de libros donde están redactados los casos precedentes.

David Suastegui Martínez: *¿Cómo han guardado ustedes los ingleses por tantos años de manera cuidadosa sus códigos, estatutos legales y casos precedentes?*

JUEZ: *Lo sé. Pero tendrás que investigar al respecto, pues aquí radica parte del éxito del sistema judicial ingleses.*

Comentarios del autor: En la Biblia, específicamente en el libro de Levítico, Jehová nos ordena y sugiere: "Un sólo derecho tendréis, así para el natural como para el extranjero". Common law, *o derecho común, significa precisamente eso. Es por ello que los ingleses decidieron tener un solo derecho en todo el Reino Unido. Tal como lo ordenan los estatutos de Jehová.*

DAVID SUASTEGUI MARTINEZ: Su señoría muchas gracias por todas sus atenciones, ha sido usted muy amable y gentil conmigo; una vez mas, muchas gracias.

JUEZ: Eres bienvenido, si durante tu visita deseas alguna información legal relacionada con tu investigación, házmelo saber. Buena suerte.

DAVID SUASTEGUI MARTINEZ: Muchas gracias su señoría.

El gobierno inglés proporciona seguridad personal y cualquier otra asistencia que los jueces requieren en su cometido. Los honores y atenciones de bienvenida que los jueces reciben en la corte son las mismas para todos ellos, sin embargo quiero destacar que el rango judicial de los jueces tiene que ver con su vestuario, tal es el caso el vestuario del Lord Philip Otton.[3]

---

[3] El lord Philip Otton, es juez de Gran Bretaña, a el le fueron conferidas las facultades legales más altas del poder judicial inglés. Él, como otros jueces, puede recorrer todo el país, resolviendo controversias legales en los diferentes condados de Inglaterra. Puede atender asuntos civiles de cualquier cuantía, asuntos de homicidio, delitos contra la salud, delincuencia organizada, entre otros. Mientras que otros jueces les fueron encomendados resolver casos criminales tales como los de robo, traspaso, deformación de carácter, violencia familiar, homicidio u homicidio involuntario.

Capítulo 3

EL PERSONAL AUXILIAR DE LOS JUECES

3.1 El escribano

El escribano de la corte es el asistente directo del juez. Dentro de sus actividades se encuentran preparar la corte y cerciorase que las personas interesadas en el juicio estén presentes unos minutos antes de recibir al juez en la sala. Su labor consiste también en proporcionar a los jueces los medios apropiados que requieren durante la conducción del juicio. Asimismo, selecciona y toma el juramento a los doce miembros del jurado, así como también toma el juramento a los testigos que se presentan a testificar ante la corte, también presenta los cargos a los acusados. En general, se encarga junto con los ujieres, oficiales de policía y demás personal de la corte que el juez tenga todos los elementos a su alcance para cumplir con su labor de la manera más eficaz y oportuna.

De igual forma se le ve vigilar la puerta de acceso de la sala del jurado, cuando los miembros del jurado están deliberando sobre el veredicto.

Los escribanos de las cortes son individuos ilustrados dentro del proceso criminal inglés. No poseen autoridad para delegar decisiones judiciales durante el proceso, su intervención es exclusivamente administrativa.

3.2 El ujier

El juez se hace asistir también del ujier (*the usher*), quien, al igual que el escribano, son asistentes directos de éste. Las actividades que desempeñan dentro de las audiencias son, entre otras, auxiliar al escribano en todas direcciones, prepara la sala, se asegura que haya jarras con agua y vasos limpios, anuncia la llegada y salida del juez, conduce a los testigos al interior de la sala, se asegura que existan ejemplares de la Biblia en el banquillo de los testigos, así como también en el banquillo de los miembros del jurado. Va por los libros a la biblioteca cuando así se le requiere, pone la tarjeta que contiene el juramento frente a los testigos cuando se les protesta decir la verdad, y frente a los miembros del jurado cuando se les protesta juzgar fielmente al o los acusados acorde con las evidencias, obtiene los expedientes relacionados con el caso del día, y cualquier otra necesidad del juez durante la audiencia. También se les encomienda conducir momento a momento y cuantas veces sea necesario a los miembros del jurado, de la sala de la corte a la sala del jurado. De igual forma, es su responsabilidad vigilar la puerta exterior de la sala de los miembros del jurado, cuando éstos se encuentran deliberando para alcanzar el veredicto.

Existen también suficientes oficiales de policía que están bajo las órdenes del juez y el escribano de la corte. Entre otras funciones delegadas a ellos, es resguardar la seguridad y orden dentro de la sala mientras se desarrollan las audiencias, así como la de ir a las celdas por el o los acusados para traerlos al banquillo de los acusados cuantas veces sea necesario mientras dura el juicio. En general, se encargan de mantener el orden al interior de la sala, mientras se desarrolla el juicio.

3.3 El estenógrafo

La corte cuenta con la asistencia profesional del o de (la) estenógrafo. Su función dentro del proceso criminal es redactar todo lo argumentado en las audiencias. El estenógrafo se auxilia de una máquina pequeña de escribir, con la que redacta a extrema velocidad y de manera simultánea las palabras y argumentos dichos en la corte mientras se desarrolla la audiencia. Si se trata de decodificar certeramente los mecanismos dados dentro del procedimiento criminal inglés, el estenógrafo nos aportaría toda una serie de datos importantes del procedimiento.

Durante las diversas visitas realizadas a la corte, entrevisté a la señorita Denisse Skerrit, estenógrafo de la corte; ella me informó que los escritos que se derivan de las audiencias podrá tenerlos con ella durante cinco años: posterior a este tiempo, podrá destruirlos.

Cabe decir por su importancia, que la función de estas personas ha sido desplazada, por los medios electrónicos y digitales proporcionados hoy en día por la ciencia y la tecnología.

3.4 La actividad cotidiana en la corte

En la entrada principal de la corte hay un escritorio de seguridad, siempre atendido por dos oficiales de policía (una dama y un caballero), quienes desde las siete y media de la mañana y, de manera muy respetuosa, invitan con amabilidad al público o cualquier otra persona que se halla vinculada con el proceso judicial a ser revisados previo al ingreso a la corte. La actitud dispuesta y agradable de los oficiales de seguridad brinda una disposición natural por parte del público a ser revisado. Este trato con rostro humano es generalizado en las diferentes acciones que se realizan dentro de dichos espacios.

Al interior de la corte, se nota cierto número de oficiales de policía, pendientes de atender cualquier acto que irrumpa con el orden ahí establecido, sobre todo cuando se trata de casos criminales que envuelve a acusados de la más alta peligrosidad.

En la entrada a la corte, sobre la pared, se encuentra el siguiente anuncio:

ATENCIÓN

Es una condición de entrada a esta corte que todas las personas deben someterse y su equipaje a revisión. Estas medidas de seguridad fueron implementadas bajo la autoridad de los jueces que la presiden.

Existe también una lista de los objetos que el público no puede introducir al interior de la corte, tales como: cámaras fotográficas, videos, grabadoras o algún otro instrumento electrónico con el que se pretenda filmar o tomar fotografías mientras se desarrollan las audiencias. Al cuestionar a los oficiales de seguridad la razón de no permitir a los corresponsales introducir ese tipo de aparatos, ellos me informaron que los juicios no eran rodajes de películas. "En este país, tomamos las cosas muy en serio –señaló el oficial–. Se trata de juicios criminales en donde el Estado y la sociedad están interesados en conocer la verdad en una acusación criminal, y para que esto suceda debe haber silencio y orden al interior de la sala mientras se llevan a cabo las audiencias dentro del proceso. Ningún medio de comunicación podrá interrumpir o llamar la atención en la sala. El orden debe prevalecer en todo momento y el juez tiene toda la autoridad para hacerlo cumplir y, créanme, la autoridad que tiene un juez británico es tal, que sus determinaciones se cumplen tal cual y de manera oportuna.

En el Departamento de Seguridad existe un tablero de madera en donde se detalla la orden del día: nombre del juez, número de la sala, número de expediente, nombres de los abogados, nombre de la parte ofendida, nombre del o los acusados, así como el año, mes, día y hora de la audiencia.

Igualmente, la corte cuenta con una entrada exclusivamente para los jueces de su majestad, quienes por lo regular llegan acompañados de sus asistentes a la corte. A menudo son recibidos y atendidos por los oficiales de policía y funcionarios de la corte. Los jueces arriban a la corte con una actitud positiva, brindando los buenos días a cualquier persona que encuentran a su paso, incluso ofreciendo una reverencia al público, como una forma de respeto y una costumbre bien definida en la cultura británica.

La entrada exclusiva para los jueces refleja en su diseño y acabado un toque majestuoso. Es también utilizada por su alteza real y demás funcionarios del más alto rango judicial cuando visitan este inmueble.

Capítulo 4

EL JUICIO

Desde la siete de la mañana hay movimiento en el interior de la corte. El personal de manera colectiva y responsable prepara la orden del día. Generalmente a las ocho y media de la mañana la corte abre sus puertas al público.

Desde temprana hora, se observa a los acusados acceder al interior de la corte, quienes son traídos desde la prisión para ser enjuiciados o sentenciados. En la planta baja del banquillo de los acusados se encuentran las celdas ampliamente ventiladas, donde los acusados permanecerán durante el tiempo que dure la audiencia. Allí serán atendidos por sus abogados. Igualmente, recibirán sus alimentos y/o cualquier otra asistencia que ellos requieran. También se ve llegar a los abogados y demás personal que tienen que ver con el juicio del día.

A las diez de la mañana, el escribano de la corte ordena a los oficiales de policía presentar al acusado y conducirlo hasta el respectivo sitio: el banquillo de los acusados. El escribano pregunta a los abogados y demás personal si están listos para comenzar. En ese instante el escribano de la corte va por el juez o solicita al ujier lo haga en su lugar.

Mientras el ujier se dirige al privado del juez, al interior de la sala reina un absoluto silencio. El público espera pacientemente la llegada del juez que presidirá la audiencia.

Antes de las diez y media de la mañana, se escuchan tres toques que el ujier da a la puerta anunciando la entrada del juez a la sala. De manera simultánea todas las personas que se encuentra al interior de la sala se ponen de pie. En ese instante y mientras el juez se encuentra parado frente al público, el ujier abre la sesión, diciendo con voz alta: "Todos de pie en la corte. Todas las personas que tengan algo que hacer ante la corte de su majestad, acérquense y pongan atención." Esta expresión es mencionada permanentemente por el personal de la corte cuando presentan diariamente a los jueces de su majestad. Posteriormente, el ujier se asegura que el juez quede instalado en su majestuoso asiento de madera, tapizado de colchón color rojo y con una reverencia a los presentes, el juez toma asiento. El público hace lo propio inclinándose ante el juez dándole la bienvenida.

El juez Sanderson Temple saluda a los presentes con el carisma que le caracteriza. Se le ve contento, con apenas una sonrisa en su rostro y un aire de agrado y respeto que refleja una extraordinaria experiencia judicial, abre la sesión. Justo en el momento en que el escribano informa que todo esta listo para comenzar, "su señoría", señala. El juez asiente. Entonces el escribano realiza una breve identificación del o los acusados.

ESCRIBANO: *¿Es usted el señor Christopher Williams?*

ACUSADO: *Sí, señor, yo soy –responde el señor Williams mientras se encuentra de pie.*

ESCRIBANO: *Por favor, tome asiento. Ujier, por favor, le solicito valla por los miembros del jurado a seleccionarse.*

UJIER: *En seguida.*

ESCRIBANO: *Muchas gracias.*

Un minuto después, el ujier conduce al interior de la sala a quince ciudadanos ingleses, de entre los cuales el escribano seleccionará únicamente a doce personas que juzgará al o a los acusados.

UJIER: *he aquí las damas y caballeros señor –informa el ujier al escribano.*

ESCRIBANO: *Por favor ubícalos frente al juez y frente al acusado.*

UJIER: *De acuerdo señor.*

Entre tanto esto sucede, el juez Sanderson Temple interrumpe la audiencia solicitando permiso al escribano a quien le dice:

JUEZ: *Con el permiso del señor Harrison... Sr. Williams, ¿puede ponerse de pie, por favor? Gracias. Miembros del jurado ha seleccionarse, antes de proseguir con esta selección, es mi deber explicarles que muy pronto tal vez ustedes juzgarán al acusado que se encuentra de pie, por tanto, y para dar cumplimiento al derecho de Chalange que le asiste a todo acusado de ser juzgado justa e imparcialmente por un panel de doce ciudadanos ingleses, es necesario que nos aseguremos que ninguno de ustedes conozca al acusado allí parado, con el objetivo de que ustedes alcancen un veredicto justo e imparcial. De modo que es mí deber preguntarle, primeramente a usted, Sr. Chritopher Williams: ¿conoce usted a alguien o alguno de los miembros del jurado a seleccionarse? Si es así, tu objeción debe ser escuchada en este momento.*

ACUSADO: *No, su señoría. No conozco a ninguno de ellos.*

JUEZ: *Muy bien, señor Williams. Miembros del jurado a seleccionarse también es mi deber preguntar a cada uno de ustedes si conocen ustedes, o alguno de ustedes al acusado, el señor Christopher Williams, quien se encuentra de pie. Si es así, deben decirlo ahora mismo.*

(Los miembros del jurado emiten su respuesta. El juez les agradece y responde según sea el caso. Posteriormente, ordena al escribano continuar con la selección del jurado.)

ESCRIBANO: *Sr. Christopher Williams, los nombres que estás por escuchar son los nombres de los miembros del jurado que tal vez le juzguen, por tanto, si tiene causa para objetar a ellos o alguno de ellos debes hacerlo, y antes de que ellos juren ante la Biblia; tu objeción debe ser escuchada.*

ACUSADO: *De acuerdo, señor.*

ESCRIBANO: *Miembros del jurado seleccionado, por favor, respondan a sus nombres y conforme se les mencione, tomen su lugar en el banquillo del jurado. Gracias.*

ESCRIBANO: *Sr. James Wood.*

MIEMBRO DEL JURADO: *Presente.*

ESCRIBANO: *Señorita Deborah Stone.*

MIEMBRO DEL JURADO: *Presente.*

(Y así sucesivamente el escribano selecciona a los doce miembros del jurado hasta concluir con los doce.)

ESCRIBANO: *Miembros del jurado seleccionado, por favor, de pie. Miembros del jurado, casi están por jurar; conforme los vaya nombrando tomen la Biblia con su mano derecha y sosténganla arriba y lean con voz fuerte el juramento de la tarjeta. Y cuando hayan hecho el juramento, por favor, tomen asiento.*

(En el momento en que el miembro del jurado escucha su nombre, toma la Biblia con su mano derecha y lee fuertemente el juramento que contiene la tarjeta que el ujier sostiene frente a él, a una distancia aproximada de dos metros y medio.)

ESCRIBANO: *Sr. James Wood.*

MIEMBRO DEL JURADO: *Juro ante Dios todopoderoso juzgar honradamente al acusado y emitir un veredicto verdadero, acorde con las evidencias.*[4]

---

[4]   Es importante mencionar que el sistema criminal inglés no obliga o establece que las personas que comparecen ante la corte en calidad de agraviado, acusado, testigo o como miembro del jurado deban jurar de manera religiosa. Tampoco obliga a cualquier otro testigo que no sea cristiano hacerlo en términos del cristianismo, tal como en la mayoría de los casos lo hacen los ingleses. El testigo de la nacionalidad de que se trate podrá jurar ante la corte de acuerdo con su creencia o cultura religiosa. Las cortes a menudo toman protesta a testigos de nacionalidades hindú,

ESCRIBANO: *Por favor tome asiento.*

ESCRIBANO: Señorita Elizabeth Wood.

MIEMBRO DEL JURADO: Juro solemnemente juzgar honradamente al acusado y emitir un veredicto verdadero acorde con las evidencias.

ESCRIBANO: Por favor, tome asiento. Y así sucesivamente el escribano de la corte toma el juramento a los doce miembros del jurado frente a la corte.

(Cuando los doce miembros del jurado han jurado juzgar fielmente al acusado, el escribano continúa con su cometido. Entonces se refiere al acusado a quien identifica ante la corte y lee (el) o los cargos.)

ESCRIBANO: *¿Es usted el Sr. Christopher Williams?*

ACUSADO: *Sí, señor. Soy yo.*

ESCRIBANO: *Sr. Christopher Williams, en esta jurisdicción, y bajo el expediente número T/890132, se le acusa por el delito "robo con escalamiento", contrario a la sección 9 (1) y (B) del código de robo de (1968). Y las ofensas particulares son: que en más o menos el día cinco de febrero de 1989, usted después de haber entrado como traspasador al edificio llamado "The Premises of Lookers", en Blackburn, lugar donde robó un vehículo de motor, marca Vauxhall Cavalier, registrado con el número de motor C117 NRN, así como aproximadamente cincuenta libras esterlinas en dinero. Sr. Christopher Williams, a estos cargos ¿cómo se confiesa usted: culpable o inocente?*

árabe y chinos: ellos, al momento de jurar, podrán hacerlo en alusión a sus dioses o en los términos que ellos consideren apropiado. Lo importante de todo esto, es que se comprometan ante la corte juzgar fielmente al acusado de acuerdo con las evidencias en el caso del jurado, o, o decir la verdad, toda la verdad y nada mas que la verdad cuando comparecen ante la corte en calidad de testigos.

El juramento no religioso señala lo siguiente: "Juro solemnemente juzgar honradamente al acusado y emitir un veredicto verdadero, acorde con las evidencias."

ACUSADO: *Inocente, señor.*

ESCRIBANO: *Inocente. (Esta confesión del acusado es repetida por el escribano de la corte mientras marca con una "X" la palabra **Not guilty** en el formato que tiene consigo y que se encuentra relacionado con la causa criminal que se sigue en contra del acusado.)*

ESCRIBANO: *Miembros del jurado, el acusado, que se encuentra presente y en pie, se le acusa por el delito de "robo con escalamiento", bajo el expediente número T/890132, contrario a la sección 9 (1) (B) del código de robo de 1968, y las ofensas particulares son que el acusado: en más o menos el día 5 de febrero de 1989, después de haber entrado como un traspasador en el edificio llamado "The Premisses of Lookers" en Blackburn, lugar donde robó un vehículo de motor marca Vauxhall Cavalier, registrado con el número de motor C117 NRN, así como aproximadamente cincuenta libras esterlinas en dinero. Miembros del jurado, a este cargo el acusado se ha declarado inocente, y es del cargo de ustedes decidir después de haber escuchado todas las evidencias, si el acusado en todo caso es culpable o inocente.*

En este momento, el acusado toma asiento y a partir de aquí los miembros del jurado estarán atentos observando y analizando de manera objetiva y responsable cada una de las evidencias del caso con las que el fiscal desea demostrar la culpabilidad del acusado. Después que los miembros del jurado han escuchado y valorado las evidencias y argumentos del fiscal, la defensa y el juez, respecto de las particularidades del o los cargos imputados en contra del o los reos decidirán en todo caso, si el acusado es culpable o inocente. En seguida, el escribano se dirige ante los tres ciudadanos ingleses que no fueron seleccionados por la corte diciéndoles: *"Miembros del jurado en espera, por favor, retornen a la asamblea del jurado, en donde recibirán instrucciones adicionales. Muchas gracias."* En ese momento, los tres ciudadanos ingleses son conducidos por el ujier a la asamblea del jurado.

Ahora bien, ¿qué ocurre cuando el inculpado será juzgado por más de un cargo? Observemos el siguiente registro:

ESCRIBANO:¿*Es usted el señor Anthony Freeman?*

ACUSADO: *Sí, señor. Yo soy.*

ESCRIBANO: *Señor Anthony Freeman, en esta jurisdicción y bajo el expediente número (T- 810132) se le acusa del delito de asalto indecente, contrario a la sección 14 (1) de las ofensas sexuales del decreto de 1956, y las ofensas particulares son: en el primer cargo que en un día desconocido, entre el mes de abril de 1987 y agosto del mismo año, usted asaltó indecentemente a la joven Alison Wood, una niña de 13 años de edad.*

Señor Anthony Freeman: a este cargo cómo se complace usted ¿culpable o inocente?

ACUSADO: *Culpable, señor.*

ESCRIBANO: *Culpable.*

ESCRIBANO: *Señor Anthony Freeman, en el segundo cargo se le acusa del delito de asalto indecente, contrario a la sección 12 de las ofensas sexuales del decreto de 1956, y las ofensas particulares son que en un día desconocido entre el mes de junio y agosto de 1988, usted asaltó indecentemente a Robert Taylor, un joven de 15 años de edad, sin el consentimiento de la mencionada persona.*

Señor Anthony Freeman, a este cargo cómo se complace usted: ¿culpable o inocente?

ACUSADO: *Inocente.*

ESCRIBANO: *Inocente.*

ESCRIBANO: *Señor Anthony Freeman, en el tercer cargo se le acusa del delito de asalto indecente, y las ofensas particulares son que en un día desconocido en el mes de mayo de 1988, usted cometió el delito de asalto indecente contra Roberto Taylor, un joven de 15 años de edad sin el consentimiento de la citada persona. Señor Anthony Freeman, a este cargo cómo se complace usted ¿culpable o inocente?*

ACUSADO: *Culpable, señor.*

ESCRIBANO: *Culpable.*

Cuando los acusados son varios y alguno de ellos se ha declarado culpable de los cargos imputados en su contra, el juez acuerda con el fiscal, la defensa y el servidor social la fecha en que pronunciara la sentencia sobre el reo.[5] El escribano entonces solicita a los oficiales de policía lleven a los acusados a las celdas de la corte, donde permanecerán entre tanto sean envidos a prisión.

Cuando el o los acusados se confiesan inocentes de los cargos imputados serán traídos a la corte diariamente desde la prisión, hasta la conclusión del juicio.

Los juicios concluyen, por lo general, en cuatro semanas. En muy raras ocasiones las audiencias se suspenden por cuestiones legales o cuando el juez o cualquiera de las partes involucradas en el juicio se han enfermado. Las excusas generales no son suficientes para que la autoridad judicial inglesa decida suspender el proceso criminal.

---

[5]   Remitirse al Anexo, inciso B, correspondiente al capítulo 4, en el que se muestran otro tipo de juicios cuando el número de acusados varía.

Fachada exterior de la Corte de la Corona de Preston

La bandera británica ondeando a toda hasta sobre
la azotea de la corte

Fachada exterior de la corte, conserva el estilo renacentista inglés

Sala número uno

Sala número dos (Se aprecia el tribunal de la Reina, así llamado
el lugar desde donde preside el juez durante las audiencias.)

Su excelencia, el juez Sanderson Temple

Lord Philip Otton

El escribano de la corte señor Keith Harrison

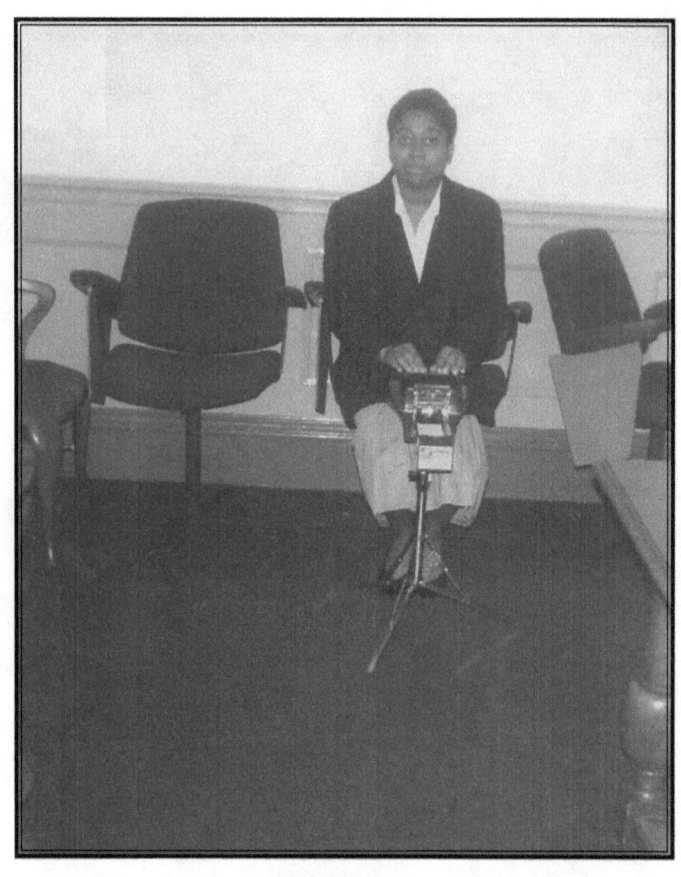

En la sala del jurado, la señorita Denisse Skerrit,
estenógrafo de la corte.

En la sala del jurado, los señores Derik thorpe y George Hilton,
ujieres de la corte

(De izquierda a derecha) Los señores Derik Thorpe, Keith Harrison, George Hilton

(En la parte central) la señorita Denise Skerrit

En el escritorio de seguridad, los oficiales: señora y señor
Jeanette Basterfield y Rodney Atkinson

Abogada inglesa

Sala de espera del público

Sala de los magistrados

Arribo de los acusados al interior de la corte

Pasillo de uso exclusivo del personal judicial de la corte

Techo de la sala de espera del público

Puerta de acceso al interior de la corte

Puerta de acceso al interior de la corte

Puerta de acceso al interior de la corte

Puerta de acceso al interior de la corte

Pasillo de acceso a las salas uno y dos

Los sargentos detectives Arthur Bradley y Robert Howard, en
las afueras de la corte, en espera de los acusados.

Capítulo 5

ABOGADOS Y TESTIGOS EN EL JUICIO

Durante el juicio, el fiscal se pone de pie, luciendo una toga de color negro, con la tradicional peluca que tanto los jueces, el escribano y abogados defensores usan durante las audiencias. En el uso de la palabra el fiscal, se dirige ante el juez y miembros del jurado diciendo.

FISCAL: *Con su venía, mi lord.6 Miembros del jurado en este caso particular, estoy compareciendo en representación del Departamento de Acusaciones Públicas, y mi culto amigo, el Sr. Roberto Richardson, comparece ante esta corte en representación de la defensa. Miembros del jurado, el cuchillo ensangrentado que tengo en mis manos es el cuchillo que utilizó este despiadado criminal para privar de la vida al hotelero Robert Gavin. Mientras este cobarde asesino apuñalaba sin piedad al occiso, el señor Gavin le suplicaba que no lo hiciera, que se llevara todo el dinero que él deseara pero que no lo privara de la vida, caso que no aconteció, pues, sin tomar en cuenta la misericordia que la víctima pedía, siguió apuñalándolo hasta matarlo.*

---

6 Esta expresión puede variar, dependiendo de la jerarquía e investidura que ostenta el juez, manifestándose de la siguiente forma: *"Con su venía, mi señor"* (May I please my lord); *"Con su venía, su señoría"* (May I please your honour) o *"Con su venía, vuestra merced"* (May I please your worship). Cuando los abogados se dirigen ante la corte de magistrados.

Cuando los oficiales de policía llegaron al lugar de los hechos, el occiso yacía en un charco de sangre. Como ustedes saben, a este cargo de homicidio en primer grado, el hombre que se halla a mis espaldas se declaró inocente y en cambio se complació culpable de homicidio involuntario, algo que es totalmente falso, en virtud que de manera premeditada e intencional ingreso en compañía de sus amigos a la propiedad del occiso de manera ilegal con intenciones de matarlo.

Es el caso que este homicida ha cambiado de idea, y ahora quiere sorprendernos diciendo que no fue su intención privar de la vida al señor Robert Gavin. Miembros del jurado: tengo en mis manos todas las pruebas y elementos de convicción que me hizo llegar el Departamento de Acusaciones Públicas para presentarlas a ustedes, las cuales son suficientes para demostrar la culpabilidad de este cruel, despiadado y cobarde homicida (al momento en que el fiscal dialoga ante el jurado, dirige agresivamente la mirada hacia el reo) *y espero que ustedes estén de acuerdo conmigo y juntos nos aseguremos un veredicto de culpabilidad para mandarlo a prisión por muchos años, y evitar con ello que camine libre por las calles de nuestra ciudad y ponga en riesgo la vida de otras personas inocentes. Ahora bien, miembros del jurado permítanme decirles el significado de "homicidio en primer grado" y qué diferencias hay entre homicidio en primer grado y homicidio involuntario.*

La fuerza de las palabras, los movimientos y las expresiones dramáticas del fiscal no se hacen esperar por mucho tiempo. La oratoria toma su curso legal entre tanto los miembros del jurado escuchan atenta y cuidadosamente los argumentos del fiscal, mientras en el recinto invade un completo silencio. También el juez y la defensa escuchan pacientemente las expresiones vertidas por el fiscal, al tiempo que el estenógrafo Denisse Skerrit redacta momento a momento y a extrema velocidad las palabras que menciona el representante del Departamento de Acusaciones Públicas.

Recuerdo haber estado presente en un caso de homicidio en el que el fiscal levantando y azotando agresivamente el cuchillo sobre su escritorio, decía a los miembros del jurado lo siguiente:

FISCAL: *Miembros del jurado… éste es el cuchillo que el acusado –allí sentado– empleó para matar despiadadamente al joven Michael Reed de 19 años de edad. Cuando la policía llegó al lugar de los hechos, el pobre joven* *yacía en el suelo en un gran charco de sangre. Esta fiscalía tiene más de 20 fotografías que fueron tomadas en el lugar de los hechos, mismas que ustedes podrán observar en el momento procesal oportuno. También escucharán las declaraciones dadas por el propio acusado al Departamento de Policía. De igual manera, presentaremos a seis testigos que presenciaron esta terrible tragedia. Uno por uno y de propia voz comparecerán ante ustedes a narrar y testificar en relación con los acontecimientos que tomaron lugar el día en el que perdiera la vida el joven Michael Reed. Ningún sentimiento debe tomar lugar en ustedes, miembros del jurado, juzguen el presente caso, tal como ustedes desearían ser juzgados...*

Las partes del juicio no improvisan nada: cuando un caso criminal es traído a la corte, el juez, el fiscal y la defensa tiene cada uno en sus manos, un tomo idéntico de los tres tomos del expediente que contienen todas y cada una de las evidencias recabadas durante la etapa de investigación. Dentro del proceso judicial se indica el orden en que la corte hará comparecer a todas las personas y testigos que tengan algo que ver en el juicio y que estén relacionados de alguna forma con los cargos presentados en contra de los acusados. Los testigos serán sometidos a serios interrogatorios. Mientras esto sucede, los miembros del jurado se muestran atentos, escuchando los diferentes argumentos durante el juicio.

En la sala se pueden observar todo tipo de objetos científicos y evidencias criminales relacionadas con el o los delitos desplegados. Durante el proceso, tanto el juez, el fiscal y la defensa se referirán a cada una de ellas. De igual manera, los científicos forenses tendrán que comparecer personalmente ante la corte para responder a cualquier pregunta que las partes deseen hacer en relación con el dictamen científico emitido por ellos mismos, los cuales se encuentran integrados dentro de la causa penal. Si el fiscal o la defensa no formulan correctamente la interrogante al testigo, el juez irritado interviene inmediatamente diciéndole al testigo: "¡no respondas la pregunta!", al mismo tiempo se dirige al abogado señalándole que su pregunta está fuera de las reglas y por tanto debe formularla correctamente como un experto en Derecho. "Deberás formular la pregunta correctamente, y si no puedes hacerlo de forma adecuada, deja que yo las haga en tu representación" señala el juez. A estos argumentos, el fiscal o la defensa se comportan avergonzados a la vez que brindan una disculpa al juez por tal atropello.

En ocasiones son los abogados quienes piden al juez sea él quien interrogue en su representación al testigo. Diciéndole: "su señoría, las preguntas que me propongo hacer al testigo son difíciles para que yo mismo las formule correctamente ; dada la naturaleza del asunto, pues considero que no tengo la experiencia suficiente para hacerlo, por tanto y de la manera más gentil solicito sea usted quien las haga en nombre de la parte que represento". A esta petición, los jueces atiende siempre gustosos la solicitud del fiscal o la defensa respondiéndole: "Por supuesto, señor Richardson estaré encantado cuestionar al testigo en tu representación. Dime sobre que puntos deseas yo interrogue al testigo." En este momento la defensa indica al juez sobre los puntos a tratar.

Durante el proceso sólo se permite la intervención del fiscal y la defensa, sin embargo, es usual observar a la defensa hacerse acompañar por algún colega suyo, quien durante el interrogatorio y de manera discreta susurra a su amigo algún comentario o cuestión relacionada con el interrogatorio del caso.

Cuando los juicios son de apelación y el juez de apelaciones atiende el caso en compañía de ciertos magistrados: es común escuchar al juez preguntar a la defensa o al sentenciado de la siguiente manera: "Señor Brown, mi colega quiere saber por qué razón usted…" Esto quiere decir que cualquier pregunta que los magistrados deseen hacer a las partes del caso, lo hará por conducto del juez que preside la audiencia. Con estas técnicas, las autoridades judiciales de Inglaterra, resuelven los juicios en la Corte de la Corona de Preston.

El Departamento de Acusaciones Públicas presenta todas las evidencias encontradas en la escena del crimen, hoja por hoja, expresión por expresión, serán analizadas y valoradas de manera razonada por el Juez, el fiscal y la defensa ante los miembros del jurado. Durante el juicio se puede ver frente al juez, el fiscal como frente a la defensa el expediente integro del caso cuestionado, el cual es analizado puntualmente por las partes.

El fiscal es la primera persona que abre el juicio y siempre es el último que interviene en el proceso. Primeramente solicita la presencia de la parte agraviada para ser interrogada en relación con los cargos criminales presentados en contra del acusado. Posteriormente invita a los testigos que tienen conocimiento de los hechos desplegados, en seguida invita a Los oficiales de policía pasen al banquillo de los testigos desde donde serán interrogados, los científicos forenses y demás personas que tengan algo que ver con el juicio, serán cuestionados también en audiencia pública frente al juez y miembros del jurado.

A continuación se señalan la forma y técnicas usuales de interrogatorio que toman lugar dentro y durante el procedimiento criminal inglés, referidas éstas a un delito de rapto.

FISCAL: *Su señoría, si usted me permite, deseo llamar al banquillo de los testigos a la señorita Helen Liverman.*

JUEZ: *Que pase al banquillo de los testigos la señorita Helen Liverman.*

En este momento, el ujier se dirige a la sala de espera en busca de la agraviada y una vez que la ha encontrado, le indica se ubique en el banquillo de los testigos, desde donde el escribano de la corte le toma el juramento:

ESCRIBANO: *Señorita Helen Liverman, por favor, tome la Biblia con su mano derecha y sosténgala arriba, y lea fuertemente el juramento de la tarjeta.*

TESTIGO: *Juro ante Dios todopoderoso que las evidencias que daré serán la verdad, toda la verdad y nada más que la verdad. Que Dios me ayude.*

ESCRIBANO: *Muchas gracias.*

FISCAL: *Señorita Liverman, ¿podría compartir a la corte su nombre completo y su dirección, por favor?*

TESTIGO: *Mi nombre es Helen Liverman y vivo al lado de mis padres en la avenida…*

FISCAL: *¿Qué edad tiene usted, señorita Liverman?*

TESTIGO: *Tengo quince años de edad, señor.*

FISCAL: *Para ser exactos, usted nació el primero de enero de 1974. ¿Es correcto?*

TESTIGO: *Es correcto, señor.*

FISCAL: *Señorita Liverman, por favor, eleve un poco su voz para que los miembros del jurado escuchen claramente lo que usted tiene que decirnos. No me observe a mí, es muy importante que se dirija a los miembros del jurado. Gracias.*

TESTIGO: *Está bien, señor.*

FISCAL: *Señorita Liverman, lamento mucho que tenga que preguntarle aquí frente a la corte respecto del incidente ocurrido el día… en el lugar… y del cual usted resultó ser la víctima. Trataré de ser con usted lo más amable y gentil que pueda.*

TESTIGO: *Está bien, señor.*

FISCAL: *Dinos por favor, de qué manera sucedieron los hechos, paso a paso, desde el principio hasta el final, en aras de que los miembros del jurado sepan realmente qué sucedió el día del incidente, cuando usted y sus amigos arribaron al restaurante…*

TESTIGO: *Mis amigos y yo llegamos al restaurante… aproximadamente a las seis de la tarde, no recuerdo con exactitud la hora, pero fue la hora aproximada en que llegamos.*

FISCAL: *Señorita Liverman, ¿puede decirnos el nombre completo de sus amigos con los que se hacía acompañar el día veinte de agosto de este año?*

TESTIGO: *Esa noche estuve acompañada de mis amigos Edwin Williams y Elizabeth Spencer.*

FISCAL: *Señorita Liverman ¿conoce usted bien a sus amigos?*

TESTIGO: *Creo que sí los conozco, señor.*

FISCAL: *Díganos qué sucedió después.*

TESTIGO: *Tomamos asiento y pedimos algo de tomar.*

FISCAL: *¿También algo de comer?*

TESTIGO: *No, señor.*

FISCAL: *¿Por qué no?*

TESTIGO: *Porque no planeamos estar más tiempo que una hora.*

FISCAL: *Y ¿qué pasó después?*

TESTIGO: *Veinte minutos después que llegamos al restaurante llegó Roberto Macneil, amigo de mi amigo Edwin Williams.*

FISCAL: *Señorita Liverman, ¿conocía usted al joven Roberto Macneil?*
TESTIGO: *No, señor, no lo conocía.*

FISCAL: *¿Te habló tu amigo Edwin Williams acerca de su amigo Roberto Macneil?*

TESTIGO: *Nunca, señor.*

FISCAL: *Díganos, ¿qué sucedió después?*

TESTIGO: *Mi amigo Edwin me presentó a su amigo y después Roberto Macneil tomó asiento en nuestra mesa.*

FISCAL: *¿Qué sucedió después?*

TESTIGO: *Los cuatro estuvimos muy contentos disfrutando el momento. Mi amigo Edwin tomaba vodka y mi amiga Elizabeth estaba consumiendo cerveza, mientras Roberto tomaba whisky yo decidí tomar jugo de naranja.*

FISCAL: *Y, ¿qué sucedió después?*

TESTIGO: *Recuerdo que Roberto se puso de pie y le pidió a mi amigo Edwin que lo acompañara al baño argumentando que tenía algo importante que decirle, eso fue lo que escuché.*

FISCAL: *¿Le parecieron extraños cuando ellos regresaron del baño?*

JUEZ: *"¿Cómo le parecieron ellos cuando regresaron del baño?"*

FISCAL: *Disculpe, su señoría. ¿Cómo le parecieron ellos cuando regresaron del baño?*

TESTIGO: *Todo me pareció normal, recuerdo que cuando Roberto regresó a nuestra mesa, me pidió le aceptara una cerveza. Le di las gracias diciéndole que no acostumbraba tomar cerveza, pero insistió tanto que terminé aceptándole una.*

FISCAL: *¿solo una cerveza?*

TESTIGO: *No, señor, creo que le acepté cuatro cervezas.*

FISCAL: *¿Recuerdas qué sucedió mientras tomaban?*

TESTIGO: *Roberto me pidió le aceptara un beso, le dije que no podía hacerlo porque lo acababa de conocer. Sin embargo, de tanto insistir terminé aceptándole uno.*

FISCAL: *Señorita Liverman, todo parece indicar que usted estaba en la mejor disposición de complacer al joven Roberto, ¿no le parece así?*

TESTIGO: *De ninguna manera, señor, creo que nos estábamos divirtiendo.*

FISCAL: *Señorita Liverman, no escuché lo que dijo, ¿podría elevar su voz y repetir lo que dijo para que los miembros del jurado también puedan escucharla?*

JUEZ: *Con su permiso, señor Fleming, (*interrumpe el juez Sanderson Temple al fiscal*), creo que la señorita Liverman dijo "de ninguna manera, señor, creo que nos estábamos divirtiendo". ¿Es eso lo que dijo, señorita Liverman?*

TESTIGO: *Eso es lo que dije, su señoría.*

JUEZ: *Puedes continuar con la examinación.*

FISCAL: *Gracias, su señoría. Y ¿qué sucedió después, señorita Liverman?*

TESTIGO: *Roberto me pidió una disculpa, me dijo que yo le parecía muy bonita y que no pudo resistir besarme.*

FISCAL: *Hasta este momento, ¿podría usted decirnos qué hora era?*

TESTIGO: *Aproximadamente las nueve y media de la noche, señor.*

FISCAL: *Se hacía tarde, ¿no es así, señorita Liverman?*

TESTIGO: *Así es señor. Recuerdo que en esos momentos mis amigos Edwin y Elizabeth se despidieron de mí y de Roberto.*

FISCAL: *Y, ¿qué más, señorita Liverman?*

TESTIGO: *Roberto me dijo que lo esperara un momento, le dije que se hacía tarde, que era tiempo de partir, pero él me dijo que no fuera impaciente, comprometiéndose conmigo contratar los servicios de un taxi, que me llevaría de regreso a mi casa, por esa razón acepté quedarme un momento más con él.*

JUEZ: *Disculpen que los interrumpa... Señorita Liverman, puede decirnos la razón por la cual usted no se retiró del bar en compañía de sus amigos Elizabeth y Edwin.*

TESTIGO: *Tal vez porque Roberto se comprometió conmigo en llamar a un taxi que me llevaría de regreso a mi casa. Por esa razón no lo hice, su señoría.*

JUEZ: *Ya veo, señorita Liverman. Es su testigo, señor Fleming. Disculpe la interrupción.*

FISCAL: *Gracias, su señoría, ¿qué sucedió después, señorita Liverman?*

TESTIGO: *Media hora después que se retiraron mis amigos nosotros decidimos partir, pero en vez de que Roberto me acompañara para que yo abordara el taxi, tal como me lo había prometido, me invitó a tomar un paseo por la avenida principal.*

FISCAL: *Y por supuesto que aceptó la invitación, señorita Liverman.*

TESTIGO: *Así fue, señor, comenzamos a caminar por la avenida principal, pero más tarde me di cuenta que tomamos una dirección distinta.*

FISCAL: *¿Le pareció el acusado confuso y nervioso?*

JUEZ: *La testigo no contestará la pregunta. Señor Fleming, su pregunta es incorrecta, pues lleva implícita la respuesta. Le pido la formule correctamente, ¿cómo le pareció el acusado?*

FISCAL: *Discúlpeme, su señoría. Señorita Liverman, Mientras ustedes caminaban, ¿cómo le pareció el acusado?*

TESTIGO: *Lo noté nervioso y apresurado.*

FISCAL: *Dinos, ¿por qué siguió usted al acusado de una forma tan tonta? ¿Acaso no le tuvo miedo?*

TESTIGO: *Hasta ese momento no me imaginé qué tenía en mente el acusado.*

FISCAL: *Durante el trayecto, ¿le dijo el acusado algo antes de llegar al departamento?*

TESTIGO: *Me dijo que el departamento era de su tío, que él lo cuidaba para él.*

FISCAL: *Podría decirnos en qué nivel se encuentra el departamento del acusado.*

TESTIGO: *En el segundo nivel del edificio, señor.*

FISCAL: *Señorita Liverman, antes de continuar con esta entrevista me gustaría hacerle algunas preguntas relacionadas a su persona.*

TESTIGO: *De acuerdo, señor.*

FISCAL: *Es correcto si mencionó a la corte que usted se encuentra por concluir sus estudios de preparatoria.*

TESTIGO: *Así es, señor.*

FISCAL: *¿Además si me permite decirlo usted está tomando cursos de teología?*

TESTIGO: *Es correcto, señor.*

FISCAL: *¿Es cierto si digo que tu meta principal es graduarte como ministro de algún culto religioso?*

TESTIGO: *También es cierto, señor.*

FISCAL: *Señorita Liverman, las preguntas que me propongo hacerle tal vez le parezcan crueles o impropias, mas deseamos que los miembros del jurado conozcan la verdad de los acontecimientos que tomaron lugar el día… donde usted terminó siendo la víctima. Le agradeceré mucho si eleva su voz en aras de que los miembros del jurado escuchen claramente todo lo que usted va a decirnos. Nuevamente discúlpeme que tenga que preguntárselo aquí mismo.*

TESTIGO: *Está bien, señor.*

FISCAL: *Señorita Liverman, ¿le gustaría tomar asiento?*

JUEZ: *Discúlpeme, Sr. Fleming* (interrumpió el juez Sanderson Temple al fiscal), *por el momento dejémosla se mantenga de pie, hasta en tanto se acostumbre a la corte, más tarde podrá pedirle que tome asiento. Gracias.*

FISCAL: *Está bien, su señoría* (consintió el fiscal, mientras dirigía su atención a la víctima). *Señorita Liverman, me gustaría regresar las manecillas del reloj el día en que sucedió este terrible incidente, pero no* *puedo hacerlo. Lo que sí puedo hacer es pedirle se imagine que está en el interior del departamento en compañía del acusado Roberto Macneil.*

TESTIGO: *Está bien, señor.*

FISCAL: *Puede decirle a los miembros del jurado qué hora era cuando ustedes llegaron al departamento.*

TESTIGO: *Aproximadamente las 10:15 de la noche, señor.*

FISCAL: *¿Te llevó el acusado a un paseo como te lo prometió?*

TESTIGO: *No, señor.*

FISCAL: *¿Quieres decir que del bar se fueron directamente al departamento donde el acusado vivía antes de ser arrestado?*

TESTIGO: *Así fue señor.*

FISCAL: *¿Cuál fue tu impresión cuando llegaste al departamento?*

TESTIGO: *El departamento estaba en completo desorden.*

FISCAL: *¿Qué sucedió después?*

TESTIGO: *Roberto se quitó su ropa, me dijo que regresaría en seguida, que iba a tomar una ducha.*

FISCAL: *¿Qué hacías tú mientras el acusado se bañaba?*

TESTIGO: *Tomé asiento y esperé que Roberto regresara del baño.*

FISCAL: *¿Recuerdas qué te dijo el acusado cuando regreso del baño?*

TESTIGO: *Se acercó a mí y comenzó a contarme que era casado, que tuvo un hijo, el cual murió en un accidente automovilístico. También me dijo que era miembro de una mafia. Me dijo que tenía un padrino. De pronto comenzó a llorar como un niño. Cuando se tranquilizó me dijo que nadie lo quería, e intempestivamente me pidió que hiciéramos el amor, le supliqué* *que no lo hiciera porque yo nunca había tenido relaciones sexuales con nadie. Me dijo que me tranquilizara, que no me pasaría nada y que sólo tendría un pequeño dolor pasajero, que todo saldría bien. Dijo que me amaba, al mismo tiempo me pidió le permitiera introducir sus dedos en mi vagina para romperme.*

FISCAL: *¿Sabías qué quiso decirte cuando te dijo "deseo romperte"?*

TESTIGO: *No lo sabía señor, tal vez se refirió a mi virginidad.*

FISCAL: *¿Informaste al acusado acerca de tu virginidad?*

TESTIGO: *Por supuesto que lo hice señor, recuerdo haberle dicho que no tenía experiencia sexual y que no estaba preparada para soportar este tipo de experiencias. Le rogué que no lo hiciera, sin embargo, no tomó en consideración mi suplica y terminó por introducir sus dedos en mi vagina. Recuerdo que me dijo que si no le permitía hacerlo tomaría otras medidas más drásticas, al mismo tiempo me daba una fuerte palmada en mi mejilla izquierda.*

FISCAL: *Puedes mostrarles a su señoría y a los miembros del jurado la cicatriz que tienes en la mejilla izquierda.*

TESTIGO: *Por supuesto. En este instante la agraviada se ubica correctamente en el banquillo de los testigos para mostrar al juez, y miembros del jurado, la cicatriz que dejó en la mejilla Izquierda el acusado a la víctima.*

FISCAL: *¿Te pareció el acusado apurado y confuso?*

JUEZ: *¿Cómo te pareció el acusado?* –corrigió de manera rápida el juez la pregunta mal formulada por el fiscal. *Sr. Fleming–, usted conoce las reglas de un juicio justo, por ende, usted debe saber cómo formular sus preguntas.*

FISCAL: *Lo siento, su señoría. Señorita Liverman, ¿cómo le pareció el acusado?*

TESTIGO: *Me pareció nervioso y confuso.*

FISCAL: *¿Introdujo él sus dedos con gran fuerza?*

JUEZ: *¿Qué te introdujo el acusado y cómo los introdujo? Sr. Fleming si usted cree que sea necesario que yo lo esté interrumpiendo constantemente, prefiero que sus preguntas sean hechas por mí.*

FISCAL: *Lo siento, su señoría* –contestaba nervioso y apenado el Sr. Fleming, mientras interrogaba a la agraviada. *Señorita Liverman, díganos ¿qué le introdujo el acusado y cómo se los introdujo?*

TESTIGO: *Introdujo sus dedos en mi vagina.*

FISCAL: *¿Cómo se los introdujo?*

TESTIGO: *Los introdujo con mucha fuerza.*

FISCAL: *Qué más, señorita Liverman.*

TESTIGO: *Recuerdo que sangraba. Roberto me dijo que no me preocupara, que esto era normal en una joven virgen, mientras limpiaba con su playera la sangre que escurría desde mi vagina. Fue una experiencia terrible.*

FISCAL: *Estamos seguros de eso, señorita Liverman.*

En ese instante, la señorita Liverman comenzó a llorar amargamente. Mientras el fiscal esperaba un momento, el juez Sanderson Temple interrumpió el interrogatorio y solicitó al ujier proporcionara una servilleta a la señorita Liverman, al igual que un vaso con agua. Posteriormente invitó a la señorita Liverman a tomar asiento.

TESTIGO: *No, gracias, su señoría* –contestó la agraviada al juez, sin poder contener el llanto.

JUEZ: *¿Se encuentra su madre en este recinto? Pregunta el juez a su personal, lo lamento mucho señorita Liverman. Puedes reunirte con tu madre, continuaremos con el interrogatorio dentro de 30 minutos.*

FISCAL: *Su señoría, a menos que no tenga otra alternativa, me gustaría continuar con el interrogatorio del testigo.*

JUEZ: *Señor Fleming, a menos que la testigo se sienta capaz de contestar sus preguntas podrá interrogarla; de mi parte no hay ningún inconveniente en que usted lo haga. Señorita Liverman, el señor Fleming me ha solicitado continuemos con el interrogatorio, y a menos que usted esté dispuesta a ser interrogada por él, podremos continuar.*

TESTIGO: *Me siento mejor, su señoría.*

JUEZ: *Adelante, señor Fleming, es su testigo.*

FISCAL: *Lo siento señorita Liverman, no sabe usted cuánto lo lamento. Ahora bien, dinos ¿qué sucedió después?*

TESTIGO.: *Roberto comenzó a besarme, y mientras me obligaba a tener relaciones sexuales con él, me decía que me amaba.*

FISCAL: *Señorita Liverman, me da mucha pena tener que preguntarle esto, y más pena me da que tenga que preguntárselo aquí mismo, pero queremos saber si el acusado ahí sentado eyaculó dentro de usted.*

TESTIGO: *No entiendo su pregunta, señor.*

FISCAL: *Permíteme ser más claro, la palabra* eyacular *significa en términos sencillos la expulsión de semen de un hombre al momento en que está teniendo relaciones sexuales con una mujer, ¿comprende ahora, señorita Liverman?*

TESTIGO: *No sé cómo contestar su pregunta, tal vez no esté en condiciones de contestarle apropiadamente, pero puedo decirle que en la segunda ocasión que Roberto y yo tuvimos relaciones sexuales sentí algo diferente.*

FISCAL: *¿Seguías sangrando cuando hacían el amor?*

TESTIGO: *Así es señor.*

FISCAL: *¿Hizo el acusado algo al respecto?*

TESTIGO: *No, señor.*

FISCAL: *¿Qué sucedió más tarde?*

TESTIGO: *Los dos nos fuimos a dormir por espacio de una hora. Cuando Roberto despertó me dijo que deseaba tener relaciones sexuales nuevamente, argumentando que estaba muy excitado.*

FISCAL: *¿Lo hicieron nuevamente, señorita Liverman?*

TESTIGO: *Lo hicimos, señor.*

FISCAL: *Y, ¿qué sucedió después?*

TESTIGO: *Roberto tomo una postura extraña, de tal manera que quedamos en sentido opuesto, él me pidió que le "mamara" el pene, mientras él dijo que mamaría mi vagina. Dijo que esa posición se llama 69.*

FISCAL: *Quieres decirnos, que tuvieron íntercurso oral.*

TESTIGO: *Así es, señor.*

FISCAL: *Señorita Liverman, ¿eyaculó en su boca el acusado?*

TESTIGO: *No creo, señor.*

FISCAL: *¿Qué sucedió más tarde?*

TESTIGO: *Hicimos el amor normalmente.*

FISCAL: *¿Eyaculó esta vez en ti?*

TESTIGO: *Creo que esta vez sí, señor.*

FISCAL: *¿Cómo se dio cuenta?*

TESTIGO: *Sentí algo caliente en el interior de mi vagina, una sensación que no sentí la primera ocasión en que hicimos el amor.*

FISCAL: *¿Qué sucedió después?*

TESTIGO: *Nos fuimos a dormir.*

FISCAL: *¿Recuerdas la hora en que despertaron?*

TESTIGO: *Eran las 5:30 de la mañana, señor.*

FISCAL: *Cuéntanos qué hicieron después que despertaron.*

TESTIGO: *Roberto se fue a tomar un baño, después lo hice yo. Finalmente terminamos platicando cosas en general.*

FISCAL: *Podría decirle a la corte algo de lo que platicaron.*

TESTIGO: *Roberto me dijo que me amaba, que no quería perderme, me sugirió que le permitiera acompañarme a mi casa, pues quería platicar con mis padres acerca de nuestra amistad. Me comentó que era su deseo casarse conmigo. Le dije que no era una buena idea, pues mis padres podrían tomar represalias en su contra y en la mía.*

FISCAL: *¿Le pareció formidable la idea de casarte con él?*

TESTIGO: *De ninguna manera, señor.*

FISCAL: *Ya veo… ¿algo más que usted quisiera decirle a la corte, señorita Liverman?*

TESTIGO: *Me pidió hiciéramos el amor nuevamente.*

FISCAL: *¿Usted accedió a eso, señorita Liverman?*

TESTIGO: *Así fue, señor, al terminar me preguntó cuándo nos veríamos de nuevo y yo le conteste que muy pronto.*

FISCAL: *Lo siento, señorita Liverman, no escuché lo que usted dijo.*

JUEZ: *Creo que dijo "muy pronto". ¿Fue eso lo que usted dijo señorita Liverman?*

TESTIGO: *Es correcto, su señoría.*

FISCAL: *Gracias, su señoría.*

JUEZ: *Discúlpenme caballeros, miembros del jurado he notado que están fatigados, tal vez sea porque no están acostumbrados a la corte, o tal vez sea porque la audiencia les parezca un tanto aburrida. ¿Qué les parece si nos tomamos un receso de media hora?* –concluye el juez.

ESCRIBANO: *Todos de pie.*

Luego que el juez Sanderson Temple se pone de pie y se inclina ante el público, es conducido a su privado por el ujier, donde permanecerá mientras dure el receso.

Una vez transcurrido el receso de treinta minutos, el escribano ordena al ujier valla por el juez y una vez que lo ha ubicado en su asiento, el juez da comienzo con el juicio. En todo momento podemos ver un formalismo absoluto al interior de la sala. Los ingleses son expertos en actos protocolarios.

JUEZ: *Miembros del jurado, ya estamos de regreso. Señor Fleming, puede continuar con su examinación* –con una reverencia para el juez, el fiscal continuo con su cometido.

FISCAL: *Gracias, su señoría.* Luego se dirige ante la señorita Liverman diciéndole: *señorita Liverman, nos tomamos un receso de treinta minutos, pero ya estamos de regreso… quiero continuar con el interrogatorio en el punto en que nos quedamos.* El fiscal entonces revisa el expediente y dice, *creo que aquí nos quedamos, Señorita Liverman, díganos ahora qué fue lo que hicieron más tarde.*

TESTIGO: *Ya había amanecido, Roberto me preguntó si yo tenía hambre. Le contesté que sí, entonces él me dijo que me invitaría a desayunar. "Te llevaré a un lugar muy agradable donde sirven excelentes desayunos." Cuando llegamos al restaurante, Roberto ordenó dos desayunos: uno para él y el otro para mí.*

FISCAL: *Y como es de suponerse, cuando terminaron de comer, Robert pagó los desayunos.*

TESTIGO: *No señor, me pidió de favor le prestara cuatro libras esterlinas, porque según él no tenía suficiente dinero para pagar los dos desayunos.*

FISCAL: *Ya entiendo… ¿y qué hicieron después?*

TESTIGO: *Nos retiramos del restaurante con dirección a la estación de autobuses, y una vez que compré el boleto, Roberto me dijo adiós.*

FISCAL: *Señorita Liverman, le gustaría agregar algo más a sus evidencias.*

TESTIGO: *No, señor, creo que eso es todo lo que tengo que decir.*

FISCAL: *Muchas gracias, señorita Liverman, creo que eso fue todo lo que yo deseaba preguntarle en representación del Departamento de Acusaciones Públicas; ahora bien, señorita Liverman, mi culto amigo el señor Macmillan, defensor del joven Roberto Macneil seguramente deseará cuestionarla en relación con el delito de rapto que usted imputa a su cliente. Por favor, no tenga miedo, conteste cuantas preguntas le haga, tal como lo hizo conmigo.*

TESTIGO: *Está bien, señor.*

La señorita Liverman agradece al fiscal su consejo. Y una vez que el fiscal reverencia al juez y miembros del jurado toma asiento, entonces el señor Michael Macmillan agradece a su colega el comentario al mismo tiempo se pone de pie y se dirige ante el juez y miembros del jurado.

DEFENSA: *Muchas gracias, es usted muy amable; con su venia su señoría: miembros del jurado, en este caso particular yo vengo en representación del acusado, y desde luego es mi deseo examinar a la señorita Liverman en relación con estos lamentables hechos que nos tiene presentes a ustedes y a mi.*

Señorita Liverman quiero pedirle disculpas anticipadas si durante mi intervención mis preguntas le parezcan crueles e irrespetuosas. Entiendo perfectamente que estos hechos lamentables fueron recientes y no es mi intención recordarle los terribles momentos que vivió al lado de mi cliente Roberto Macneil. Seré breve, pues no tengo intenciones de mantenerla allí parada por mucho tiempo, sólo deseo saber y, por supuesto, los miembros del jurado también desean saber ciertas cuestiones relacionadas con el delito de rapto que usted le imputa a mi cliente Roberto Macneil; discúlpeme que tenga que preguntárselo aquí mismo, pero no tengo otra alternativa. ¿Está bien, señorita Liverman?

TESTIGO: *Esta bien, señor.* El gesto de la acusada manifiesta un sentimiento de tristeza.

DEFENSA: *Señorita Liverman, cuando sus amigos y usted llegaron al restaurante, iban con el propósito de pasar momentos agradables, ¿no es así?*

TESTIGO: *Así fue, señor.*

DEFENSA: *Después que su amigo Edwin Williams le presento al joven Macneil, tomó asiento, ¿es correcto?*

TESTIGO: *Es correcto.*

DEFENSA: *Cuando mi culto amigo la cuestionaba usted señaló a la corte que el acusado aquí a mis espaldas le invitó unas cervezas, ¿es verdad eso?*

TESTIGO: *Eso es verdad, señor.*

DEFENSA: *Nos gustaría saber si el acusado la obligó de alguna manera le aceptaras las cervezas que te invitó.*

TESTIGO: *En ningún momento me obligó, señor, creo que mis amigos y yo fuimos a divertirnos.*

DEFENSA: *Señorita Liverman, realmente no tengo mucho que preguntarle, creo que todo está dicho, por tanto me iré directamente al punto.*

TESTIGO: *Esta bien, señor.*

DEFENSA: Quisiéramos saber si la puerta principal del edificio donde vivía el joven Roberto antes de ser arrestado tenía candado, ¿recuerda usted eso?

TESTIGO: *Recuerdo que la puerta que da a la calle estaba cerrada, pero no tenía candado.*

DEFENSA: *Señorita Liverman, usted le dijo a la corte que la primera vez que usted tuvo relaciones sexuales con el acusado sólo le rompió el himen y más tarde se fueron a dormir, ¿es correcto?*

TESTIGO: *Así es, señor.*

DEFENSA: *Señorita Liverman, lo que no entiendo y espero que usted nos lo explique con sus propias palabras, ¿por qué razón usted no aprovechó la oportunidad para escaparse de la presencia de mi cliente mientras el dormía? Puede decirnos por qué no lo hizo.*

TESTIGO: *Porque me fue difícil saber si Roberto estaba dormido o despierto, por supuesto que pensé escaparme, pero debe recordar que la hora y las circunstancias del momento no me lo permitieron.*

DEFENSA: *Señorita Liverman, usted agregó a sus evidencias que usted y el acusado se fueron a dormir en más de dos ocasiones.*

TESTIGO: *Es correcto, señor.*

DEFENSA: *También le recuerdo que usted agregó a sus evidencias que el acusado se fue a tomar un baño y posteriormente lo hizo usted.*

TESTIGO: *Es correcto, señor.*

DEFENSA: *Le haré esta pregunta, y le sugiero que nos diga por qué razón teniendo muchas oportunidades de escaparse de la escena del crimen, usted no lo hizo.*

TESTIGO: *Por supuesto que tuve varias oportunidades de escaparme señor pero no lo hice porque temí que me sucediera algo peor. Me arrepiento* *no haberlo intentado. Debo recordarle que las circunstancias del momento no me lo permitieron.*

DEFENSA: *Cuando usted tenía relaciones sexuales con el acusado, ¿recuerda haberle dicho: "te amo, Roberto"?*

FISCAL: *Su señoría, debo objetar la pregunta que mi culto amigo hace a la señorita Liverman.*

DEFENSA: *Su señoría, sólo estoy haciendo preguntas relacionadas con cuestiones que tomaron lugar en el momento en que tanto mi cliente como la señorita Liverman tenían relaciones sexuales.*

JUEZ: *Objeción fuera de las reglas. La defensa puede formular la pregunta.*

DEFENSA: *Gracias su señoría; señorita Liverman, ¿recuerda haberle dicho al acusado "te amo, Roberto" mientras tenían relaciones sexuales?* (En este momento la señorita Liverman guarda silencio.)

JUEZ: *La testigo contestará la pregunta.* (La testigo continuó sin responder.)

JUEZ: *¡Conteste la pregunta!,* ordena el juez molesto e impacientemente a la agraviada.

TESTIGO: *Tal vez lo hice, señor. Realmente no recuerdo.*

DEFENSA: *Muy bien, señorita Liverman, eso era todo lo que yo deseaba preguntarle en representación de la defensa. Muchas gracias. Muchas gracias, su señoría.*

JUEZ: *¿Desea el fiscal reexaminar al testigo?*

FISCAL: *No, su señoría, considero que no es necesario, es usted muy amable, muchas gracias.*

JUEZ*: Muy bien.*

FISCAL: *Su señoría si me permite usted deseo llamar al banquillo de los testigos a la Sra. Nancy Liverman.*

JUEZ: *Que pase la señora Nancy Liverman. 7*

Al mencionar el juez el nombre del siguiente testigo, el escribano va en busca de ella, y al encontrarla la conduce hasta el banquillo de los testigos desde donde se le toma el juramento.

ESCRIBANO: *Señora Liverman, por favor tome la Biblia con su mano derecha y sosténgala arriba, y lea fuertemente el juramento de la tarjeta. Mientras esto sucede, el ujier levanta con sus dos manos frente a la testigo la tarjeta que contiene el juramento.*

TESTIGO: *Juro ante Dios todopoderoso que las evidencias que daré serán la verdad, toda la verdad, y nada más que la verdad. Que Dios me ayude.*

FISCAL: *Sra. Liverman ¿puede decirnos su nombre completo y su dirección, por favor?*

TESTIGO: *Me llamo Nancy Liverman, y vivo en…*

FISCAL: *Podría decirnos, ¿qué parentesco le une a usted y la señorita Helen Liverman?*

TESTIGO: *Soy madre de la señorita Helen Liverman.*

---

7   El sistema judicial inglés llama a esta técnica de interrogatorio *Cross- Examination*. Podría traducirse este término al español como *examinación cruzada*, pues tal como lo indica el término, la serie de preguntas que toman lugar en la corte frente a los miembros del jurado, es entre el juez, el fiscal, la defensa y el testigo cuestionado. Cuando el fiscal y la defensa han interrogado al testigo en primera ocasión, podrán reexaminarlo en segunda ocasión si así lo desean, pues muchas veces el testigo contestó al fiscal o defensa cuestiones que no hizo con anterioridad a uno de ellos. De manera que el fiscal y la defensa tienen todo el derecho de reexaminar al testigo cuantas veces lo consideren apropiado.

FISCAL: *Ya veo señora Liverman. Señora Liverman con relación al incidente de rapto que sufriera su hija de manos del joven Roberto Macneil el día... ¿qué tiene usted que decirnos?*

TESTIGO: *Como usted verá, el día... mi hija Helen me pidió permiso para salir a pasear con sus amigos Edwin Williams y Elizabeth Spencer.*

FISCAL: *¿Le dijo su hija adónde iba de paseo y a qué hora estaría de regreso?*

TESTIGO: *Sólo me dijo que iría de paseo con sus amigos; acordamos que regresaría a las nueve de la noche.*

FISCAL: *Al ver que su hija no llegó a las nueve de la noche, como lo habían acordado, ¿qué hizo usted?*

TESTIGO: *Inmediatamente me puse en contacto con todos los amigos de mi hija para preguntarles si sabían dónde se encontraba ella, pero como no me informaron nada al respecto, mi esposo y yo dimos parte al Departamento de Policía; cinco oficiales de policía llegaron a nuestro domicilio inmediatamente después de la llamada telefónica y después que le proporcionamos la información requerida, se fueron en busca de mi hija Helen, pero no fue sino hasta el siguiente día que ella misma llegó a casa.*

FISCAL: *¿Cuál fue la reacción de su hija cuando llegó a su casa?*

TESTIGO*: Estaba histérica. Recuerdo muy bien que me dijo:* ¡Oh!, mamá, fue una experiencia terrible, ¡fue terrible!, *lloraba mucho, la abracé fuertemente, le dije que se calmara, que todo saldría bien. Cuando ya se había controlado, le pregunté qué le había sucedido.*

FISCAL: *Y por supuesto le contó toda la historia.*

TESTIGO: *Así fue, señor.*

Cuando el fiscal considera que ha interrogado a la testigo, concluye con la pregunta usual:

FISCAL: *Señora Liverman ¿desea usted agregar algo mas a sus evidencias?*

Para el sistema judicial inglés es prioritario que exista un orden cronológico en la presentación de los testigos. En cualquier caso criminal, la víctima es el primer testigo. Posteriormente testificará ante la corte cualquier otra persona que tenga conocimiento del hecho delictivo. Enseguida comparecen los oficiales de policía que intervinieron en la investigación, en seguida toca el turno a los científicos y finalmente es el acusado, quien comparece ante el banquillo de los testigos para ser cuestionado, primeramente será cuestionado por la defensa y enseguida por el fiscal.

Veamos el siguiente ejemplo de interrogatorio de un fiscal a un oficial de policía.

FISCAL: *Señor Mathews, ¿puede decirle a la corte su nombre completo, su rango, su número de identificación oficial y el Departamento de Policía para el cual está habilitado?*

TESTIGO: *Soy el Sargento Detective John Mathews. Tengo asignado el número 325 de identificación oficial y estoy habilitado en el Departamento de Policía del condado de Lancashire.*

FISCAL: *Sargento detective, sabemos de antemano que usted fue comisionado para investigar el delito de rapto que hoy presenta la agraviada Helen Liverman en contra del joven Roberto Macneil.*

TESTIGO: *Así es, señor.*

FISCAL: *Díganos, ¿dónde fue localizado el inculpado y cuál fue la reacción del acusado cuando fue arrestado?*

TESTIGO: *Encontramos al acusado en el interior de su departamento, el cual está ubicado en… Después de que nos identificamos como oficiales de policía, le dijimos que traíamos una orden de arresto contra él, que fuera tan amable de acompañarnos al Departamento de Policía. En realidad no se resistió al arresto.*

FISCAL: *Ya veo, sargento detective. Sargento detective caucionó usted al acusado antes de ser interrogado por ustedes, tal como lo establece el código de policía y evidencias criminales.*

TESTIGO: *Así fue, señor, le dijimos que no tenía por qué decir nada, a menos que así lo decidiera el, ya que todo lo que dijese, tal vez sería dado como evidencia en la corte.*

FISCAL: *¿Y cuál fue su actitud?*

TESTIGO: *Nos comenzó a contar todo lo que había pasado la noche anterior estando con la señorita Helen Liverman. Mientras él nos informaba de los acontecimientos relacionados con el delito de rapto, nosotros grabábamos la entrevista.*

FISCAL: *Sargento detective, caucionó por segunda ocasión al acusado mientras lo entrevistaban, tal como lo establece el código de policía y evidencias criminales.*

TESTIGO: *Por supuesto que lo hicimos, señor.*

FISCAL: *Y, ¿qué hizo el acusado?*

TESTIGO: *El acusado decidió permanecer en silencio, nos dijo que prefería ser entrevistado frente a su abogado, razón por la cual detuvimos la entrevista, reanudándola en el Departamento de Policía en presencia de su abogado. Más tarde, y una vez terminada la entrevista, se hizo una transcripción de la misma.*

FISCAL: *Sargento detective tengo aquí en mis manos la redacción de la entrevista que ustedes realizaron durante la detención al acusado, así como la que tomó lugar en el Departamento de Policía. Le daré una copia de la misma y le pediré que juntos, usted y yo, leamos frente a los miembros del jurado el contenido de la entrevista.*

Por favor, tome la entrevista para que los miembros del jurado escuchen qué fue lo que dijo el acusado cuando fue detenido y entrevistado por ustedes. Sargento detective, yo actuaré en lugar de usted, y usted actuará en lugar del acusado. Para ser más claro y preciso, cuando yo lea la pregunta que usted en su momento hizo al acusado, usted contestará leyendo la respuesta que en aquel momento dio a ustedes el acusado. ¿Entendido?

OFICIAL DE POLICÍA: *Está bien, señor.*

FISCAL: *Nos iremos desde el principio hasta el final, ¿le parece bien, sargento detective?*

OFICIAL DE POLICÍA: *De acuerdo, señor* [...][8]

---

[8]   El rol que juega el o los oficiales de policía en el juicio es imprescindible, pues proporcionan una visión básica dentro de cómo actúa el indiciado al momento de la detención. Para ello, deben narrar con el mayor detalle los diferentes acontecimientos que tomaron lugar durante la investigación.

El código de policía y evidencias criminal inglés permite a los oficiales el uso de la fuerza necesaria para mantener el orden y someter a los presuntos sospechosos cuando no están cooperando con el orden. De vez en cuando los abogados defensores cuestionan frente a la corte la conducta tomada por los oficiales de policía en la conducción de la investigación criminal, tratando de indicar con ello, que su cliente fue objeto de abuso de parte de los oficiales. De su parte, los oficiales de policía contestan cuantas preguntas les son hechas en la corte en relación con la investigación del caso, con el fin de justificar la actitud tomada por ellos en la conducción de la investigación criminal. Una vez que se ha aclarado la actitud del oficial de policía, y los oficiales han convencido a la corte que fue necesario el empleo de la fuerza; la defensa y el fiscal continúan con el interrogatorio.

Cuando los oficiales de policía conducen la investigación de manera inteligente, los jueces son los primeros en elogiar a los oficiales de policía frente a los miembros del jurado, la prensa y el público en general. Dentro de los halagos se escucha decir al juez lo orgulloso que se siente al saber que cuenta con el personal confiable dentro de las corporaciones policíacas. También hace mención, de manera breve y frente a los presentes, la actitud empleada por los oficiales de policía al momento en que condujeron la investigación y captura de los presuntos sospechosos. Todos estos comentarios y halagos hechos por el juez a favor de los oficiales de policía son publicados oportunamente por la prensa al día siguiente. En tanto el juez menciona tales halagos los oficiales de policía reciben con beneplácito tales argumentos del juez, dándole las gracias.

Durante el tiempo que estuve indagando sobre el procedimiento criminal inglés tuve la oportunidad de observar el interrogatorio que hizo el fiscal a un oficial de policía que atendió una llamada telefónica anónima. La denuncia pública incriminaba a un hindú por "maltrato y crueldad en contra de los animales". La llamada anónima informaba a los oficiales de policía el estado deplorable en el que se encontraban los perros, derivado de la falta de alimento que el hindú dejó de proporcionar a sus mascotas. El fiscal refirió el caso en los siguientes términos:

FISCAL: *Cuando recibieron la llamada anónima, ¿qué hicieron ustedes?*

OFICIAL DE POLICÍA. *Nos constituimos en el domicilio del acusado, ubicado en... y una vez que nos identificamos como oficiales de policía, informamos al ocupante de la casa el motivo de nuestra visita. Hecho esto, le solicitamos que nos dejara pasar a su domicilio.*

FISCAL: *Dinos, ¿cuál fue la actitud del acusado?*

OFICIAL DE POLICÍA: *En un principio se negó a darnos acceso al interior de su hogar, pero después que le informamos la naturaleza de nuestra visita, nos permitió pasar.*

FISCAL: *Y, ¿qué sucedió después?*

OFICIAL DE POLICÍA. *Nos dirigimos a la parte trasera de su casa para cerciorarnos si en verdad existían los perros, tal como lo habían denunciado los vecinos, y efectivamente cuando llegamos al lugar encontramos tres perros en deplorable estado, sin agua ni alimento y en medio de un verdadero asco.*

FISCAL: *Dinos, ¿qué hicieron ustedes?*

OFICIAL DE POLICÍA: *Pedimos al ocupante de la casa que nos acompañara al Departamento de Policía. También decidimos traer a los perros para que un médico veterinario los examinara.*

FISCAL: *Puede decirle a la corte qué hicieron ustedes, una vez que llegaron al departamento de policía.*

OFICIAL DE POLICÍA. *Inmediatamente nos aseguramos que los perros recibieran atención médica; para ello, solicitamos la intervención del médico veterinario de la Sociedad Protectora de Animales del condado. Después que los perros fueron examinados por el médico veterinario, este nos informó en su reporte que debido a las condiciones deplorables que presentaban los perros, era imposible reanimarlos, dada la falta de alimento y agua que el acusado dejo de proporcionarles por mucho tiempo. El veterinario nos sugirió que sería mejor dormir a los perros, pues no había otra opción.*

En el curso del proceso, también comparecen los expertos forenses para ser cuestionados por la corte y esclarecer de manera científica aquellos pasajes oscuros que tanto la víctima como el presunto acusado no pudieron o quisieron señalar. Los expertos forenses son interrogados por las partes frente al juez y miembros del jurado en relación con los

---

FISCAL: *¿qué le pareció a usted la idea del médico veterinario?*
OFICIAL DE POLICÍA: *Mis colegas y yo consideramos como muy mala noticia la opción del médico veterinario, pero tuvimos que aceptarla pues no había otra alternativa.*

El oficial de policía expresa cierto sentimiento de tristeza y después de dirigir su mirada hacia el techo de la corte, inclinó su rostro intempestivamente como si fuese a llorar. La corte guardó silencio, mientras el público observaba molesto al acusado (hindú). El juez Leaver, quien atendía el caso, también se le veía incomodo.

De vez en cuando y de manera discreta los jueces inclinan su rostro para observar a los acusados, sobre todo cuando el fiscal está interrogando al testigo en relación con la conducta criminal empleada por este al cometer el crimen; con la mera intención de observar el lenguaje corporal del acusado. Muchos de ellos reflejan odio y rencor durante las audiencias, en tanto que otros acusados se comportan sumisos y avergonzados durante todo el proceso, de todo lo cual el juez considerará puntualmente al momento de emitir la correspondiente sentencia. Noté que los acusados que tomaron una actitud insolente recibieron sentencias más severas, que aquellos reos que se comportaron humildemente al enfrentar cargos criminales en su contra. En muchos casos los jueces emitieron penas condicionales en contra de ellos.

Cuando el juez Leaver emitió su sentencia sobre el caso del hindú, de manera agresiva recordó al acusado que los ingleses eran amantes de los perros, y que la crueldad con la que él trató a sus propios perros merecía una sentencia de siete años de prisión sin que tuviera derecho a libertad condicional anticipada mientras servia su sentencia "¡Aparten de mi vista, llévense y encierren a esta bestia salvaje, antes de que yo cambie de opinión!", ordenó el juez Leaver a los oficiales de policía, refiriéndose al acusado hindú.

Los jueces pueden emplear términos fuertes y denigrantes en contra del o los acusados en el momento en que ellos emiten sus sentencias. Principalmente si el delito es grave y el impacto de la sentencia causara alguna reacción ante la sociedad; por tanto, los jueces se aseguran que los criminales potenciales reciban penas severas.

dictámenes científicos que en un momento del proceso de investigación criminal ofrecieron a la autoridad Investigadora.

Veamos el siguiente interrogatorio a un experto forense por el fiscal:

FISCAL: *Señor Anderson, puede decirle a la corte su nombre completo y su profesión por favor.*

TESTIGO PROFESIONAL: *Me llamo Eduardo Anderson, soy médico práctico, egresado de la Universidad de Medicina de Londres con cédula profesional número 245678, para ejercer la carrera de médico cirujano. Actualmente estoy habilitado para desempeñarme como experto forense en materia de ginecología en el Departamento de Policía de esta ciudad de Preston.*

FISCAL: *Podría decirle a la corte, cuántos años lleva ejerciendo su profesión como médico práctico.*

TESTIGO PROFESIONAL: *Tengo veinte años ejerciendo mi profesión como médico práctico, y diez años de experiencia como experto forense en la especialidad de ginecología.*

FISCAL: *Señor Anderson, tenemos conocimiento que usted examinó a la señorita Liverman el día… después de haber sido liberada por su raptor el joven Robert Macneil.*

TESTIGO PROFESIONAL: *Así fue, señor.*

FISCAL: *En su reporte médico, usted refiere que después de haber hecho la exploración física en las partes genitales de la señorita Liverman, pudo determinar de manera científica que la agraviada había tenido relaciones sexuales recientemente.*

TESTIGO PROFESIONAL: *Así es, señor.*

FISCAL: *Podría decirle a la corte con sus propias palabras, ¿cuál fue realmente el resultado clínico de su intervención?*

TESTIGO PROFESIONAL: *A la exploración física que practique a la víctima en sus partes genitales pude cerciorarme que la señorita Liverman había tenido relaciones sexuales recientemente; durante la exploración clínica se tomaron muestras de semen que se extrajo de su vagina con el objeto de hacer el correspondiente estudio de comparación genética, con la muestra de semen que solicitamos nos proporcionara el acusado Roberto Macneil en el departamento de policía. Después de someter a estudio tales muestras dio como resultado que el semen extraído de la vagina de la señorita Liverman era por su constitución genética, el mismo que el semen del acusado Robert Macneil. Tal como se aprecia en el reporte médico que me fue solicitado por el Departamento de Policía y que en estos momentos me permito reproducir nuevamente ante esta corte.*

FISCAL: *Señor Anderson, ¿puede explicarnos de manera sencilla en qué consiste el examen de comparación genética realizado por usted al semen obtenido de la vagina de la agraviada y la muestra de semen que proporcionó en su momento el inculpado Roberto Macneil ante el Departamento de Policía?*

TESTIGO PROFESIONAL: *Por supuesto.*

En este momento se ve al experto forense soporta su investigación con un sinfín de documentos que trae consigo y que son sometidos al escrutinio de la corte. La ciencia forense hoy en día es parte del sistema judicial inglés. Ellos mismos han inventado un sinfín de aparatos científicos que emplean en el curso de las investigaciones criminales. La Biblia estable en uno de los diez mandamientos lo siguiente: "No levantaras falso testimonio en contra de tu prójimo". Para que esto no suceda, el gobierno Ingles se ha asegurado de incorporar a su sistema judicial la inclusión de la ciencia forense al servicio de esta noble institución social. En la historia de la justicia criminal se mencionan tantos casos renombrados donde los acusados fueron condenados a la pena capital tan sólo por testimonios de falsos testigos. En el sistema judicial inglés estas prácticas bárbaras y denigrantes no toman lugar. La ciencia forense está allí para esclarecer de manera oportuna y científica cualquier cuestión relacionada en un caso criminal.

Después que el testigo profesional o experto forense propuesto por el Departamento de Acusaciones Públicas responde el interrogatorio del fiscal respecto a su dictamen, corresponde ser cuestionado por la defensa.

Al finalizar el interrogatorio del primer testigo profesional, la defensa, si es el caso; solicita presentar el testigo profesional propuesto de su parte; y una vez que lo ha interrogado, corresponde el turno al fiscal cuestionarlo. Cuando los testigos profesionales fueron cuestionados por las partes del caso, corresponde pasar al banquillo de los testigos el experto forense o testigo profesional propuesto por la corte. Es importante destacar que los tres dictámenes ya obran en la causa penal y sólo basta que los expertos forenses comparezcan ante la corte para ser interrogados, en relación con los dictámenes científicos ofertados por ellos en la etapa de la investigación criminal.

Capítulo 6

LAS EVIDENCIAS EN EL PROCEDIMIENTO CRIMINAL INGLÉS

Las evidencias

Todas las pruebas que fueron recabadas en la escena del crimen en el curso de las investigaciones por los oficiales de policía y expertos forenses, así como las evidencias que se desahoguen durante el juicio, son consideradas por la ley como evidencias criminales. Entre otras se encuentran las armas punzo cortantes, palos, armas de fuego, muestras de sangre, huellas dactilares, pelos, semen, radiografías, fotografías, videos, planos topográficos, dictámenes de antropología y cualquier otra prueba que este relacionada directamente con la ofensa criminal cometida, y que sirva como sustento legal para el esclarecimiento de los hechos criminales presentados.

En raras ocasiones, y cuando el juez considera apropiado, ordena a su personal prepare el transporte de la corte para el siguiente día, con la finalidad de que el propio juez, los miembros del jurado, el fiscal, la defensa y demás expertos forenses se trasladen a la escena del crimen, con el objeto de despejar y esclarecer cualquier duda o punto cuestionado por las partes durante el juicio.

La administración de justicia criminal inglesa insiste en encontrar la verdad sobre cualquier cosa. Previo a la resolución de cualquier caso, los miembros del jurado tendrán frente a ellos todas las pruebas que tomaran en consideración antes de emitir el veredicto.

La última persona que testifica ante la corte es el acusado y corresponde a la defensa invitar a su cliente pase al banquillo de los testigos desde donde será cuestionado. Una vez que el acusado ha jurado decir la verdad ante la corte es examinado primeramente por la defensa y, posteriormente, lo hará el representante del Departamento de Acusaciones Públicas.

De acuerdo con el sistema criminal inglés, todo acusado tiene derecho a permanecer en silencio durante el juicio, esto quiere decir que el acusado no está obligado a comparecer ante el banquillo de los testigos para ser cuestionado por la corte. Si el acusado ha decidido no pasar al banquillo de los testigos para ser interrogado, el juez acordará favorablemente tal solicitud, y el acusado permanecerá sentado en el banquillo de los acusados hasta el momento en que los miembros del jurado emita el veredicto que corresponda, y el juez pronuncie la sentencia que en derecho proceda si el acusado es encontrado culpable. No existe oposición por parte del fiscal cuando ha sido informado por la defensa que el acusado ha decidido no pasar al banquillo de los testigos a testificar; sin embargo, cuando el fiscal hace uso de la palabra en su discurso final, siempre menciona a los miembros del jurado esta actitud tomada por el acusado.

El fiscal podría argumentar ante los miembros del jurado (en su discurso final) que el acusado no quiso testificar ante la corte porque no quiso que se conociera la verdad. De su parte, en su discurso final, el juez recuerda a los miembros del jurado que la decisión tomada por el acusado para no ser cuestionado por la defensa y el fiscal no es suficiente para que ellos, los miembros del jurado, lo encuentren culpable. También les recuerda que tal decisión (la del acusado) forma parte de los derechos y garantías que le asiste a todo acusado cuando se presentan cargos en su contra y nada tiene que ver con su culpabilidad.

Discursos finales de los abogados y el juez.

Previo a que inicien los discursos finales, el juez pregunta al fiscal y a la defensa si se han desahogado las pruebas que a sus intereses convinieron. Por tanto, y una vez que el fiscal y la defensa manifiestan al juez su acuerdo de que las pruebas han sido desahogadas en su totalidad, entonces y antes de que el jurado sea enviado a la sala del jurado donde deliberarán sobre la inocencia o culpabilidad del o los reos, el fiscal hace uso de la palabra.

Durante este tiempo, el fiscal intentará asegurar un veredicto de culpabilidad a favor de la víctima y el Estado. En su intervención, hará un recuento de todas y cada una de las pruebas presentadas en la corte, una por una será mencionada y analizada por el fiscal, hasta concluir con todas y cada una de ellas, y una vez que ha terminado, da gracias al juez, a los miembros del jurado y toma asiento. Por su parte, la defensa se pone de pie y dirigiéndose al juez y a los miembros del jurado, también hace referencia de todas y cada una de las evidencias presentadas en el juicio, indicando a los miembros del jurado que las pruebas presentadas en contra de su cliente no son suficientes para encontrarlo culpable, por lo tanto, los invita a hallar inocente a su cliente del o los cargos presentados en su contra. La defensa habla del derecho y de casos precedentes que tomaron lugar en las cortes del Reino Unido con anterioridad al caso que se sigue en contra de su cliente. Lo mismo hace el fiscal en su intervención.

Al terminar su discurso, el fiscal y la defensa dan las gracias al juez y miembros del jurado y con una reverencia para ambos toman asiento.

Capítulo 7

EL DISCURSO FINAL

El discurso final es programado por el juez y por los abogados: por lo general, se dan cita en la sala de la corte por la mañana. El discurso final da al fiscal, la defensa y el juez la oportunidad de hacer un recuento pormenorizado de cada una de las pruebas desahogas durante el juicio frente a los miembros del jurado. Una vez que el fiscal y la defensa han expuesto sus argumentos del caso, corresponde al juez exponer a los miembros del jurado los puntos cuestionados a lo largo del proceso. También hace una serie de recomendaciones a los miembros del jurado durante el tiempo que éstos estén deliberando sobre la culpabilidad o inocencia del reo; les recuerda que no están obligados arribar a un veredicto de culpable si no están seguros de ello. También les recuerda que si durante el momento en que se encuentren deliberando desean aclarar algún punto respecto de las pruebas ofertadas en el proceso podrán hacerlo de su conocimiento, diciéndoles que él tomará las determinaciones apropiadas al caso particular. Nada queda a la deriva, los jueces Ingleses tienen la experiencia suficiente para decidir en todo momento y en tiempo real sobre cualquier cuestión que se presente durante el curso del proceso.

Al intervenir, el juez toma como punto de partida cada una de las evidencias que fueron presentadas y desahogadas por las partes, habla del derecho, de los elementos del tipo penal del delito en cuestión, de casos similares dados en otro momento al presente caso, sugiere a los miembros del jurado considerar cada una de las pruebas aportadas durante el juicio, asimismo, les solicita tener cuidado al analizar ciertas particularidades de las pruebas, también les recuerda que tienen todo el derecho y privilegio de desechar cualquier prueba que ellos consideren confusas e inapropiadas, así como también recuerda a los miembros del jurado que emitan un veredicto acorde con las evidencias. De esta manera, el juez, con total y absoluta imparcialidad, presenta sus argumentos ante los miembros del jurado, con tal de que los miembros del jurado no tengan ninguna duda razonable al momento de decidir sobre la culpabilidad o inocencia del reo.

El fiscal es el primer orador y en su intervención hace un resumen acerca de las pruebas aportadas durante el proceso, y está en su derecho de argumentar todo por cuanto hace a la conducta delictiva del reo respecto del delito desplegado por este. También la defensa hace lo propio, en sus argumentos pide a los miembros del jurado que sean cuidadosos al analizar y valorar las pruebas ofertadas tanto por el fiscal como por la defensa; sin titubeos y con argumentos claros y precisos analiza cada prueba aportada durante el juicio, y solicita a los miembros del jurado que las desestimen pues no están apegadas a derecho y con las mismas no se demuestra fehacientemente la culpabilidad de su cliente. Los dictámenes científicos emitidos por los expertos forenses también son traídos a la memoria de los miembros del jurado para que sean considerados, así como los objetos y evidencias criminales encontradas en la escena del crimen son motivo de valoración y consideración.

En su discurso final, el fiscal hace todo tipo de comentarios legales y de manera simultánea refiere los elementos del tipo penal del delito desplegado, mencionando las pruebas con las que pretende relacionar e incriminar al autor material del delito. Hace recomendaciones y sugerencias, igualmente, referirá el significado del delito, los elementos del tipo penal que lo constituye y su relación directa que tiene con la conducta delictiva desplegada por el acusado. En esta etapa del proceso, el fiscal busca asegurarse un veredicto de culpabilidad a favor de la víctima y la sociedad.

La oratoria alcanza su máximo esplendor, cuando el fiscal y la defensa intensifican sus argumentos se expresan de forma tan elegante y sofisticada haciendo que sus argumentos se escuchen claramente al interior de la sala. Cada abogado tiene su propio estilo, durante sus intervenciones de vez en cuando se les ve tocar sus pelucas; algunos de ellos, en cambio, sostienen sus manos en la cintura mientras vierten sus argumentos ante los miembros del jurado, siempre refiriéndose a las pruebas que tiene cada uno frente a ellos, así como de los apuntes que fueron anotando durante el proceso de desahogo de pruebas. En cambio otros se mantienen firmes sin dejar de observar directamente a los miembros del jurado.

Durante el discurso final ninguno de los abogados observa al juez, toda la atención la dirigen y concentran a los miembros del jurado. En estos momentos nadie interrumpe al fiscal ni el juez ni la defensa ni ninguna otra persona, el tiempo es absolutamente para el fiscal. Lo mismo sucederá cuando la defensa tome la palabra. Todo se celebra en completo orden y respeto. En tanto esto sucede se puede notar tristeza y humillación en el rostro del o de los acusados. Otros en cambio escuchan impacientes los argumentos de la fiscalía. Las reacciones son distintas y cualesquiera que éstas sean, representa una situación embarazosa para el o los acusados.

No hay receso. Una vez que el fiscal y la defensa comienzan, tienen que concluir. Es por ello que el juez se asegura que los discursos finales comiencen por la mañana, con la finalidad de que tanto el fiscal como la defensa tengan el tiempo suficiente para dirigirse ante los miembros del jurado. Esto es así, porque las leyes del Reino Unido no limitan el tiempo a ninguna de las partes, incluyendo al juez, al momento de dirigir sus argumentos ante los miembros del jurado.

Una vez que el fiscal y la defensa han concluido con sus argumentos, corresponde al juez presentar sus argumentos ante los miembros del jurado. La intervención del juez tomará lugar sólo si el tiempo así lo permite, de modo que si ya es tarde, éste decidirá continuar con sus argumentos al siguiente día, o para el día lunes si es fin de semana.

Cuando concluye con sus argumentos, pide a los miembros del jurado que si durante el tiempo en que se encuentren deliberando necesitan hacer cualquier aclaración respecto del juicio, podrán hacerlo. También les recuerda que si no pueden alcanzar el veredicto no deben preocuparse, ya que él decidirá qué curso de acción tomar al caso particular. Enseguida, el *ujier* hace el juramento ante la corte, para después conducir a los miembros del jurado a la sala correspondiente, en donde permanecerán encerrados. Allí deliberarán sobre la inocencia o culpabilidad del o los acusados. Si llegada la noche el jurado no ha alcanzado el veredicto, el ujier notificará tal circunstancia al escribano de la corte, quien a su vez invita a las partes del juicio a congregarse en la sala y ordena al ujier ir en busca del juez para que sea el juez quien decida sobre el particular. De manera que si los miembros del jurado no se ponen de acuerdo sobre el veredicto, el juez ordena que los miembros del jurado sean enviados a un hotel de la ciudad donde permanecerán deliberando hasta alcanzar el veredicto, de tal manera que si al día siguiente los miembros del jurado no han alcanzado su veredicto, el juez descargará a los miembros del jurado de su cometido, y ordenará a la corte prepare un nuevo juicio donde un nuevo jurado atenderá el caso nuevamente.

A continuación se señalan pequeños fragmentos de discursos finales presentados por el fiscal ante los miembros del jurado:

FISCAL: *Miembros del jurado, antes de ir más allá, me gustaría que juntos consideremos cada una de las pruebas que ofertó en su momento la parte que represento. Analicemos las pruebas una por una desde el principio hasta el final, pero previamente a esto me gustaría hacer ciertos argumentos legales basándome en los elementos del tipo penal sobre el delito de homicidio que ustedes están juzgando. Como ustedes saben, el acusado(x) se declaró inocente del cargo de homicidio en primer grado y culpable de homicidio involuntario. Miembros del jurado, nuestras leyes establecen que comete el delito de homicidio en primer grado aquel que priva de la vida a alguien de manera ilegal. En tanto que comete homicidio involuntario aquel que priva de la vida a alguien sin que haya tenido la intención de hacerlo, es decir, que el activo no tuvo la intención de privar de la vida a la víctima, ya sea como resultado de una negligencia, provocación o por falta de cuidado, por ejemplo: cuando alguien maneja un carro y atropella accidentalmente a una persona o cuando el sujeto activo ha decidido únicamente robar a alguien y, por razones ajenas a su voluntad, mata al sujeto pasivo en el momento de cometer el delito de robo. Sin embargo, miembros del jurado, en este caso particular la intención del acusado desde un principio fue cometer un acto ilegal, es decir, cometer el delito de homicidio en primer grado en agravio de la víctima, tal como quedó demostrado con la confesión hecha por el propio acusado ante el Departamento de Policía. Ahora bien miembros del jurado, analicemos juntos qué fue lo que dijo el acusado que se halla a mis espaldas cuando fue interrogado por los oficiales de policía que condujeron la investigación; miembros del jurado, el acusado dijo con sus propias palabras que se introdujo al domicilio del occiso Roberto Gavin, sin el consentimiento de éste, ya que había planeado robarle dinero* *para comprar drogas y licor, pero ya estando dentro del hotel, propiedad del occiso, él y sus amigos (xx) decidieron matarlo. Cuando él y sus amigos estaban en el interior del hotel, no conformes con el robo que hicieron a la victima de sus joyas y dinero, decidieron darle muerte a pesar de que la victima les imploró clemencia. Como ustedes saben, el Departamento de Acusaciones Públicas presentó cargos en contra del acusado por el delito de homicidio en primer grado, cargo al que el acusado se declaró inocente y en cambio se confesó culpable de homicidio involuntario. Veamos ahora cuáles son los elementos del tipo penal de homicidio. Miembros del jurado, los elementos del tipo penal de homicidio son( ) por tanto, debemos tomar en cuenta que el aquí acusado desde un principio decidió dar muerte al hotelero Roberto Gavin, tal como ha quedado demostrado con todas y cada una de las evidencias aportadas por la parte que represento, pues quedó evidenciado que el acusado desde un principio tuvo la intención de privar de la vida al finado Roberto Gavin, a quien en más de quince ocasiones lo apuñaló hasta privarlo de la vida con este cuchillo que tengo en mis manos, causándole serias lesiones en su cuerpo que finalmente le provocaron la muerte. Miembros del jurado: permítanme someter a su más alta discreción todas y cada una de las pruebas presentadas por la fiscalía durante el juicio, mismas que solicito sean tomadas en cuenta diligentemente por ustedes, y si después de haberlas considerado con inteligencia y justicia, consideran que el acusado actuó con intenciones de privar de la vida al Sr. Roberto Gavin, entonces concluirán que el acusado es culpable de homicidio en primer grado.*

Sin embargo, si ustedes consideran que el acusado no tuvo la intención de matar al Sr. Roberto Gavin, tal como el lo refiere, entonces lo encontrarán culpable de homicidio involuntario. Pero antes de que alcancen su veredicto, revisemos las pruebas y evidencias que presentó el Departamento de Acusaciones Públicas, junto con las evidencias que presentó a favor del acusado la defensa. También me permito destacar las confesiones dadas por los coacusados (xx), quienes entre otras cosas manifestaron lo siguiente ( ).

No olvidemos que ante ustedes los cómplices se declararon culpables de homicidio calificado en agravio del finado Robert Gavin, no así este infame y cobarde homicida, quien hoy viene a la corte a decirnos que su intención no fue la de privar de la vida al occiso del cual hago referencia. Remembremos que los cómplices (xx), ante ustedes se declararon culpables de homicidio en primer grado, argumentando que su intención desde un principio era dar muerte al hotelero y que el aquí coacusado los invitó para que cometieran tal delito, pues necesitaban dinero para tomar y comprar drogas. También refirieron que mientras daban muerte al finado Roberto Gavin, éste les decía: ¡no me maten, por favor, llévense todo mi dinero y mis joyas, si así les place, pero no me maten! *Sin embargo, estos despiadados homicidas, lejos de atender la suplica del occiso, terminaron asesinándolo.*

Como ustedes saben, miembros del jurado, estas declaraciones fueron dadas ante el Departamento de Policía por los aquí coacusados. Por tanto, el Departamento de Acusaciones Públicas que represento considera que existen suficientes evidencias con las que ha quedado plenamente demostrada la intención premeditada del joven (x) y, por ende, la culpabilidad del homicida de referencia. Por tales motivos, pido a ustedes encuentren culpable de homicidio calificado al hoy inculpado (x) en agravio del finado Roberto Gavin.

Miembros del jurado, esto es todo lo que tengo que decir en representación de la Corona, esperando que la decisión que ustedes alcancen sea la correcta y alcancen un veredicto unánime de culpabilidad, con el cual podamos mandar a la cárcel a este infame y cobarde asesino. Ningún sentimiento debe tomar lugar en ustedes miembros del jurado, juzguen el presente caso, tal como ustedes desearían ser juzgados. Muchas gracias miembros del jurado; su señoría, muchas gracias por todas sus consideraciones.

JUEZ: *Muy bien, señor Fleming.*

El siguiente texto expone el discurso final del fiscal en relación con el delito de rapto presentado en contra de Roberto Macneil y en agravio de la señorita Helen Liverman:

FISCAL: *Miembros del jurado, los invito a tomar todas estas cuestiones en consideración, al igual que los argumentos vertidos por la defensa a favor del acusado, quien ha sido persistente en negar el cargo de rapto presentado en su contra y en agravio de la señorita Helen Liverman. Basando sus argumentos en la supuesta disposición de la agraviada para que ambos tuvieran relaciones sexuales. Esta fiscalía ha dejado* *plenamente demostrada la culpabilidad del reo con todas y cada una de las pruebas desahogadas a lo largo del proceso. Miembros del jurado, ningún sentimiento debe tomar lugar en ustedes, por tanto, les pido que júzguenle presente caso tal como ustedes desearían ser juzgados, ya que yo diría, sujeto a discreción que en su momento les indique su señoría, que ustedes tienen todo el derecho de tomar en consideración los argumentos que he mencionado en el presente juicio.*

Y cuando el acusado viene a exculparse de su actitud, sólo por el hecho de que la agraviada Helen Liverman no intentó escaparse de manos del inculpado cuando refiere que la victima tuvo más de dos oportunidades para hacerlo, no es suficiente que por esta circunstancia se le exonere de tal delito. Por tal motivo, y con el propósito de que ustedes marquen esta ofensa criminal ocasionada a la parte que represento, pido a ustedes lo encuentren culpable del delito de rapto.

Damas y caballeros, ningún sentimiento debe tomar lugar en ustedes, juzguen el presente caso, tal como ustedes desearían ser juzgados. Eso es todo lo que tengo que decir en representación del Departamento de Acusaciones Públicas, muchas gracias miembros del jurado. Y a usted su señoría, gracias por su generosidad.

Juez: *Gracias a usted, señor Fleming.*

Como puede observarse, en el desarrollo del discurso final no existe parte que objete o interrumpa al fiscal, incluso el juez o la defensa se abstienen de ello. Este mismo derecho tendrá la defensa y el juez en su momento procesal oportuno. Al igual que el juez, los abogados podrán hacer cualquier comentario legal durante su intervención, por ejemplo, les es permitido referirse a casos precedentes que ya han tenido lugar en las cortes del Reino Unido, lo que les da la oportunidad de asegurarse un veredicto favorable. Es importante mencionar que ningún recurso de impugnación o juicio de amparo (*Habeas corpus*) interrumpe el procedimiento criminal inglés.

Una vez que el Departamento de Acusaciones Públicas, ha presentado cargos criminales en contra de alguien, el juicio debe concluir, a menos que durante el proceso, el abogado defensor del reo solicite al juez lean nuevamente los cargos imputados a su cliente, a fin de que éste (el acusado) tenga una segunda oportunidad para declararse culpable de los cargos habiéndose declarado inocente en un principio. Cuando esto sucede, el juez da las gracias a los miembros del jurado y les indica que su participación en el juicio ha concluido.

A continuación se señala el siguiente ejemplo de discurso final vertido por la defensa, a favor de su cliente Roberto Macneil, respecto del delito de rapto presentado en su contra, en agravio de la señorita Helen Liverman:

DEFENSA: *Miembros del jurado, con mi más sumisa actitud, existen varios puntos importantes que considerar en el presente asunto que nos tiene presentes a ustedes y a mí. Primeramente debemos preguntarnos, ¿cuál fue la causa o razón por la cual la señorita Liverman no se escapó o intentó siquiera escaparse de la escena del crimen cuando mi cliente decidió tomar una ducha?; en segundo lugar debemos preguntarnos cuáles fueron los motivos que tuvo la victima para no escaparse del departamento del joven Roberto Macneil, cuando ella misma refiere que el acusado se fue a dormir por un largo periodo de tiempo; en tercer lugar debemos preguntarnos si la joven pudo haberse escapado de la escena del crimen. Sabemos muy bien que en la segunda ocasión tuvo la oportunidad de hacerlo.*

Ahora bien, miembros del jurado, tenemos que considerar cómo empezó todo este conflicto, desde un principio hasta el final, y cómo pudo haber sido tratado el problema, si la joven agraviada hubiera decidido abandonar el restaurante al lado de sus amigos (xx) cuando éstos decidieron partir a sus respectivas casas; de la misma manera deben considerar la actitud de la agraviada al no aprovechar la oportunidad para escaparse de la escena del crimen, pues tuvo muchas oportunidades para hacerlo. Miembros del jurado, con sumisa actitud, y bajo la más alta discreción y dirección que en su momento indique su señoría, yo diría que la señorita Helen Liverman fue parte dispuesta en este asunto que nos ocupa, pues se aprecia claramente que por su propia voluntad, desde un principio, deseó quedarse con el acusado mientras que sus amigos, los jóvenes (xx) decidieron partir cada quien a sus respectivas casas. Además, ella misma refiere que le pareció divertido compartir unos momentos con mi cliente Robert Macneil. Por tanto, considero que mi cliente es inocente del delito de rapto, que hoy injustamente imputa en su contra el Departamento de Acusaciones Públicas en agravio de la señorita Helen Liverman. Miembros del jurado sólo espero que ustedes estén de acuerdo conmigo y después de deliberar sobre el presente caso, alcancen un veredicto de inocente a favor de la parte que represento. Ningún sentimiento debe tomar lugar en ustedes, miembros del jurado, Juzguen el presente caso tal como ustedes desearían ser juzgados; eso es todo lo que deseo decir en representación de la defensa. Muchas gracias, miembros del jurado, muchas gracias su señoría.

A continuación me permito anotar breves ejemplos de discursos finales presentados por la defensa, frente a los miembros del jurado.

DEFENSA: *Con su venia, su señoría. Miembros del jurado, muy pronto ustedes estarán deliberando respecto de la culpabilidad o inocencia de mi cliente. Pero antes de que alcancen el veredicto, me gustaría valoren las pruebas que en su momento aportó el Departamento de Acusaciones Públicas, incluyendo las que en su momento aportó esta defensa. Comencemos desde el principio, exploremos y analicemos con responsabilidad cada una de las evidencias del caso hasta el final, hagamos un resumen general de todas y cada una de ellas, página por página, expresión por expresión hasta concluir con todas y cada una de ellas. De la misma manera, analicemos la expresión de agravios propuesto por la parte agraviada. Así como también analicemos los testimonios que ofertó el Departamento de Acusaciones Públicas a favor de la víctima, incluyendo los presentados por esta defensa.*

Comencemos con las declaraciones hechas por la propia agraviada(x) Miembros del jurado, la agraviada (x) compareció ante el Departamento de Policía a presentar cargos criminales en su agravio por el delito de robo y en contra de mi cliente(x) argumentando que el día (La defensa menciona todos los argumentos que desea a favor de su cliente)

DEFENSA: *Con su venia, su señoría. Miembros del jurado, quiero comenzar diciéndoles que las evidencias presentadas por el Departamento de Acusaciones Públicas en contra de mi cliente son las evidencias más pobres de las que tengo memoria desde que soy abogado practicante, lo digo así, porque el joven Oliver Brown, no sólo permitió, sino también consintió que mi cliente le tocara sus partes íntimas, además quedó plenamente demostrado que desde el momento en que ellos se encontraron decidieron estar juntos hasta el día siguiente. Cabe decir que el supuesto agraviado tampoco aprovechó las oportunidades que tuvo para escaparse de la presencia de mi cliente, por el contrario, ha quedado plenamente* *demostrado que el joven Oliver Brown, aun cuando es menor de edad, consintió que el acusado, aquí a mis espaldas, le tocara sus partes íntimas en más de tres ocasiones.*

La primera pregunta que se viene a mi mente es la siguiente, ¿Por qué la victima aceptó en todo momento que el joven Arthur Carter le tocara sus partes íntimas sin que este se opusiera y, muy a pesar de ello, la víctima no aprovechó esta oportunidad para evitarlo, pues bien pudo haber pedido auxilio a sus vecinos para escaparse? Ahora bien, miembros del jurado, es importante mencionar a ustedes cuáles son los elementos de tipo penal del delito de asalto indecente, de acuerdo con nuestras leyes los elementos del tipo penal son los siguientes ( ) y se consuma cuando ( ), Sin embargo, el caso que hoy nos presenta la fiscalía es totalmente ajeno a los hechos que tomaron lugar en el presente caso y que dieron motivo a esta controversia criminal. Y lo digo así porque durante el proceso quedó demostrada la disposición del agraviado para que mi cliente le tocara sus partes íntimas. Por lo tanto, si el agraviado dio su consentimiento al acusado para que ambos se excitaran es viable decir que no se surten los elementos materiales del tipo penal de asalto indecente. Por ende, miembros del jurado, mi cliente no es culpable del delito de asalto indecente que imputa en su contra el Departamento de Acusaciones Públicas en agravio del joven Oliver Brown, dado que el ofendido fue parte dispuesta en la supuesta conducta delictiva que hoy imputa en contra del joven Arthur Carter.

Por todas estas consideraciones solicito a ustedes que una vez que hayan deliberado sobre el particular, lo hagan pensando que mi cliente es inocente del delito que imputa en su contra el Departamento de Acusaciones Públicas y habiendo valorado cada una de las evidencias aportadas durante el proceso, lo absuelvan de tal cargo. Ningún sentimiento debe tomar lugar en ustedes miembros del jurado: "juzguen el presente caso, tal como ustedes desearían ser juzgados".

DEFENSA: *Miembros del jurado, sé que la víctima hizo todas sus declaraciones de buena fe, y yo estoy de acuerdo con ella, Pero, miembros del jurado, déjenme decirles que aun cuando los resultados de los exámenes médicos fueron positivos, en relación con la comparación genética del semen que proporcionó el acusado ante el Departamento de Policía, con las muestras de semen que fueron extraídos de la vagina de la víctima, no quiere decir que el resultado del dictamen científico sea Standard, ya que* *al decir de los expertos existen altas probabilidades de que la constitución genética del semen de mi cliente en comparación con la constitución genética de sémenes de otros hombres pueden ser similares. Por ello les pido de la manera más gentil que antes de que lleguen a la conclusión de un veredicto de culpabilidad lo hagan pensando en estas probabilidades.*

Miembros del jurado permítanme decirles que no están obligados a dar un veredicto favorable o desfavorable a favor mi cliente, a menos que estén convencidos plenamente que mi cliente es culpable de los cargos imputados en su contra. Juzguen el presente caso, tal como ustedes desearían ser juzgados. Eso es todo lo que tengo que decir a favor de mi cliente, muchas gracias, miembros del jurado. su señoría, quiero agradecer su gesto profundamente, pues durante el juicio fue muy amable y gentil con el suscrito. Por todas estas consideraciones, muchas gracias.

JUEZ: *Muy bien señor Almond.*

La ley británica faculta a los jueces absolver a los acusados en casos de duda. Cuando así sucede, los miembros del jurado están facultados a emitir un veredicto de no culpable. La idea de que "es mejor liberar a un culpable que condenar a un inocente" predispone a que los abogados defensores siembren un sinfín de dudas en la mente de los miembros del jurado, sugiriendo una serie de argumentos o coartadas con las que muchas veces los miembros del jurado encuentran inocente al o los acusados. El ejemplo que antecede es una muestra del presente comentario.

Si por alguna razón, los miembros del jurado encuentran culpable al acusado del delito imputado y el juez considera que no existen suficientes elementos de prueba que demuestren su culpabilidad, el juez tiene todas las facultades legales para liberar al acusado en el momento en que el jurado se haya pronunciado sobre la culpabilidad del reo.

Esta actitud que toman los jueces de Gran Bretaña cuando existen dudas razonables puede relacionarse con el pasaje bíblico, en el momento en que el Gobernador de Judea, Pilato, quiso liberar a Jesús de Nazaret cuando los judíos le pedían que fuese ejecutado. En un momento de desesperación, Pilato se dirigió a los judíos y les dijo: "Mirad, os lo traigo fuera, para que entendáis que ningún delito hallo en él" Y Jesús salió fuera, llevando la corona de espinas y la ropa de grana. Pilato les dice: "¡Aquí está el hombre!" Cuando los principales sacerdotes y los servidores lo vieron, gritaron "¡Crucifícalo! ¡Crucifícalo!" Pilato respondió: "Tomadlo vosotros, y crucificadlo, porque yo no hallo delito en él". Respondieron los judíos: "Nosotros tenemos ley. Según nuestra Ley debe morir, porqué se dice hijo de Dios". Cuando Pilato oyó esto, tuvo más miedo. Entró nuevamente en el pretorio, y dijo a Jesús: "¿De dónde eres tú?" Pero Jesús no respondió. Entonces le dijo: "¿No me hablas? ¿No sabes que tengo autoridad para crucificarte, y autoridad para soltarte?".

Los mismos privilegios que tenían las autoridades romanas en su época, la tienen hoy en día los jueces británicos. A ellos les ha sido conferido el poder de liberar a los acusados aun cuando son encontrados culpables por el jurado; sobre todo cuando los jueces consideran que no existen evidencias suficientes que justifiquen la culpabilidad del acusado. Las facultades que tienen los jueces en Inglaterra son amplias y extraordinarias. Hasta el último momento, el sistema judicial británico está diseñado para que se imparta justicia de manera pronta, independiente, segura e imparcial.

Observemos otro ejemplo de discurso final propuesto por la defensa a los miembros del jurado.

DEFENSA: *Damas y caballeros, antes de que se pronuncien sobre la culpabilidad o inocencia de mi cliente, los invito a que lo hagan con base en hechos reales y no bajo ciertas dudas razonables, tal como acontece en el presente caso. Primeramente analicemos los testimonios que rindieron frente a ustedes los testigos (xx), quienes comparecieron ante esta corte; junto con las demás evidencias aportadas y desahogadas de manera oportuna durante el juicio las cuales solicito sean tomadas en cuenta antes de que emitan el veredicto. Miembros del jurado, ningún sentimiento debe tomar lugar en ustedes, Juzguen el presente caso, tal como ustedes desearían ser juzgados. Sé que tomarán en consideración cada una de las evidencias presentadas en el curso del proceso y una vez que las mismas hayan sido valoradas diligentemente por ustedes, pido nos traigan un veredicto unánime de inocente y absuelvan a mi cliente del cargo de robo presentado en su contra por la fiscalía, ello en razón de que el Departamento de Acusaciones Públicas presentó cargos en su contra con base en las evidencias más pobres de las que yo tenga memoria. Miembros del jurado, eso es todo lo que tengo que decir en representación de mi cliente, muchas* *gracias. Muchas gracias, su señoría, fue usted muy amable y gentil con el suscrito durante el juicio.*

JUEZ: *Señor Macmillan, no tiene por qué darme las gracias, todo lo que hice fue acceder a sus peticiones porque consideré que estuvieron apegadas a derecho. Debo felicitarlo pues su actitud personal durante el juicio fue extraordinariamente excelente. Seguramente los miembros del jurado tomarán en consideración sus argumentos y sugerencias.*

DEFENSA: *Gracias, su señoría, muchas gracias.*

Antes de concluir con los discursos finales, el fiscal y la defensa solicitan al juez que durante su discurso haga especial énfasis de aquellas pruebas que fueron desahogadas a lo largo del juicio frente a los miembros del jurado, a fin de que cada uno de ellos se asegure un veredicto favorable de culpable para el caso del fiscal, o inocente para el caso de la defensa. El juez agradece al fiscal y a la defensa sus recomendaciones y sugerencias a la vez que les pide no preocuparse, ya que él atenderá de manera imparcial las peticiones de ambos casos. Por lo general, ambos discursos concluyen por la tarde. El discurso final del juez toma lugar en el momento que la defensa concluye con el suyo; al siguiente día, después de las diez de la mañana, si es entre semana; si es viernes, el discurso final del juez será programado para el día lunes de la siguiente semana.

Al finalizar la tarde, el juez abandona la sala llevándose consigo el expediente del caso. En toda ocasión puede observarse al personal de la corte ayudarlo en lo que requiera.

¿Cómo se desarrolla el discurso final del juez? Antes de que el juez arribe a la sala, el escribano de la corte invita a las partes del juicio a ubicarse en sus respectivos lugares, incluyendo a los miembros del jurado, una vez que todo está preparado para iniciar la audiencia, con la asistencia de las partes se anuncia la llegada del juez Sanderson Temple a la sala, el ujier de la corte se encarga de ubicarlo en su asiento y le extiende el expediente que contiene todas las pruebas desahogadas dentro del proceso. En su momento, el juez referirá con el más mínimo detalle a cada una ellas, ante los miembros del jurado. Durante su discurso final refiere a los miembros del jurado los diferentes testimonios que fueron examinados previamente. Así como aquellas expresiones y testimonios que el juez fue anotando a lo largo del proceso, serán motivo de remembranza para los miembros del jurado. También referirá y analizara cada una de las pruebas ya integradas en el expediente, entre ellas, citará las pruebas que fueron recabadas durante la etapa de investigación, así como de aquellas que fueron desahogadas durante el proceso; serán puestas a consideración de los miembros del jurado con la intención de que ellos mismos estén en posibilidades de emitir un veredicto justo de –culpable o inocente– de acuerdo con las evidencias del caso. Es interesante observar la actitud imparcial del juez al momento de dirigir sus argumentos ante los miembros del jurado. Sin titubeos y de manera clara y sencilla, los jueces demuestran su basta experiencia dentro de sus planteamientos legales al momento de expresar el más mínimo detalle dentro del discurso.

Posterior a un breve diálogo entre el juez y las partes involucradas, el juez dirige su mirada a los miembros del jurado y abre el diálogo. El siguiente discurso que se retoma y expone corresponde al caso de la señorita Helen Liverman:

JUEZ: *Miembros del jurado, ante mi jurisdicción el Departamento de Acusaciones Públicas presentó cargos en contra del acusado Roberto Macneil, por el delito de rapto en agravio de la señorita Helen Liverman, injusto penal previsto y sancionado por ( ), a este cargo y ante ustedes el acusado se declaró inocente, argumentando que los hechos imputados en su contra se suscitaron por el propio consentimiento de la agraviada Helen Liverman. De su parte, la fiscalía argumenta que el día* (narrar los hechos). *Para motivar la acusación, el Departamento de Acusaciones Públicas ofreció las pruebas que creyó prudente para demostrar la culpabilidad del acusado. Asimismo, pudimos escuchar el testimonio de la propia agraviada Helen Liverman, de igual manera escuchamos el testimonio de su señora madre (x) así como el testimonio de los oficiales de policía que condujeron la investigación, entre ellos, el del sargento detective (x), quien ante ustedes narró la entrevista que sostuvo con el acusado Roberto Macneil, en relación con los acontecimientos desplegados por el aquí acusado,* (mencionar la fecha de los hechos). *El oficial de policía nos refirió que (narrar los hechos) También compareció ante esta corte la mamá de la agraviada, Helen Liverman, quien entre otras cosas describió el estado anímico de su hija cuando regresó a casa después de ser raptada y abusada sexualmente por el acusado, Roberto Macneil.*

De igual forma, escuchamos el testimonio del médico forense (x), quien refiere que, después de haber explorado físicamente las partes genitales de la agraviada, llegó a la conclusión que la agraviada Helen Liverman, había tenido relaciones sexuales recientemente. En su reporte médico explicó las razones científicas de su intervención. Igualmente, refirió el estudio de comparación genética que hizo del semen que se extrajo de la vagina de la agraviada con la muestra de semen que facilitó durante la investigación a los expertos forenses el acusado Roberto Macneil, concluyendo de manera científica que el semen que se extrajo de la vagina de la agraviada Helen Liverman, con el semen que facilitó el acusado ante el Departamento de Policía, es el mismo por su constitución genética, argumentando de manera clara y científica que ( ). De igual forma, el Departamento de Acusaciones Públicas exhibió algunas fotografías tomadas en el lugar de los hechos donde vivía el acusado antes de ser arrestado por la policía. El fiscal cuestionó al testigo profesional en relación con la exploración física que hizo a la agraviada quien refiere que efectivamente la señorita Liverman había tenido relaciones sexuales recientemente. Para dejar científicamente comprobado lo anterior, el experto forense refirió el método científico empleado y las razones que lo llevaron a esa conclusión, con lo cual se incrimina de manera directa al acusado.

Finalmente, escuchamos el testimonio del sargento detective John Mathews, quien se hizo responsable de la investigación y captura del acusado. Ahora bien, miembros del jurado, la defensa argumenta que la señorita Helen Liverman cooperó en todo momento con el joven Roberto Macneil, para que ambos tuvieran relaciones sexuales. Argumenta que cuando el acusado invitó a la señorita Liverman a que se tomara una cerveza, ésta la aceptó sin ningún inconveniente. Luego, la propia agraviada nos refirió que aceptó del acusado más de dos cervezas, porque, de acuerdo a ella, se estaban divirtiendo. La señorita Liverman nos dijo que decidió quedarse con el acusado, después de que sus amigos, Edwin Williams y Elizabeth Spencer, abandonaron el restaurante porque el acusado se comprometió con ella a tomar el coche de alquiler que la llevaría de regreso a su casa. De la misma forma, la propia agraviada refirió ante esta corte que, ya estando en el departamento del acusado, el joven Roberto Macneil decidió tomar una ducha mientras ella permanecía sentada en la cama esperando que él regresara. También nos dijo que el acusado se quedó dormido, mientras la agraviada hizo lo mismo.

Miembros del jurado, cuando la agraviada Helen Liverman fue cuestionada por la defensa nos dijo que no trató de escaparse de su raptor en razón de que ya era muy noche y, que si lo hubiera hecho, tal vez el joven acusado le hubiera hecho un daño peor. Si la agraviada dijo o no la verdad, yo no lo se miembros del jurado, por tanto corresponde a ustedes decidir en todo caso si la agraviada Helen Liverman nos dijo o no la verdad. De tal manera si ustedes consideran que la señorita Liverman no nos dijo la verdad, entonces habrán de encontrar inocente al joven Roberto Macneil del delito de rapto que imputa en su contra el Departamento de Acusaciones Públicas en agravio de la señorita Liverman.

Sin embargo, si ustedes consideran que la señorita Liverman nos dijo la verdad, entonces podría suceder que ustedes encuentren culpable al joven Roberto Macneil del delito de rapto que hoy imputa en su contra el Departamento de Acusaciones Públicas. Pero antes de hacerlo es necesario que juntos ustedes y yo analicemos de manera responsable e inteligente el asunto que nos tiene presentes a ustedes y a mí. Miembros del jurado, debo recordarles una vez más que mi responsabilidad como juez es conducir y dirigir el presente juicio frente a ustedes, y a ustedes corresponde decidir, en todo caso, después de haber analizado de manera responsable y objetiva todas y cada una de las pruebas desahogadas en el proceso para ver si con ellas el joven Roberto Macneil es culpable o inocente del delito de rapto que imputa en su contra el Departamento de Acusaciones Públicas, en representación de la agraviada Helen Liverman. Para ello es importante que yo explique a ustedes el significado de rapto, así como también es mi responsabilidad explicarles cuáles son los elementos del tipo penal de este delito. Miembros del jurado: nuestras leyes establecen que: "comete el delito de rapto aquella persona que por medio de la violencia física o moral, obliga a otra persona a tener relaciones sexuales sin el consentimiento de ésta", y los elementos del tipo penal son ( ) Ahora bien, es necesario que juntos hagamos un recuento preciso y justo de todas y cada una de las evidencias presentadas por el Departamento de Acusaciones Públicas en contra del acusado para ver si con ellas se acreditan plenamente los elementos del tipo penal en relación con la conducta que hoy le imputa al aquí acusado Roberto Macneil. Comencemos desde el principio hasta el final, hagamos un resumen de todas y cada una de las pruebas que fueron aportadas en el proceso por la fiscalía y la defensa: en primer término veamos que nos dijo la señorita Helen Liverman, al ser cuestionada por el fiscal ante esta corte. La agraviada, miembros del jurado, nos refirió que el día ( ) había planeado divertirse con sus amigos Edwin Williams y Elizabeth Spencer, por lo que se dirigieron al restaurante denominado ( ), que se ubica en la avenida ( ) de la ciudad de ( ) de este condado de Lancashire, lugar donde refiere llegó el acusado Roberto Macneil, quien después de haber sido presentado por su amigo Edwin Williams, tomó asiento para quedarse con ellos. Como ustedes saben, la agraviada nos refirió que el inculpado Roberto Macneil le invitó una cerveza, la cual se tomó. También nos dijo que durante el tiempo que estuvo conviviendo con sus amigos y el joven Macneil, éste se portó muy atento con ella y que juntos pasaron momentos agradables. Posteriormente, el acusado les invitó otras cervezas, las cuales fueron aceptadas tanto por la agraviada como por sus demás amigos. Al final, los amigos de la agraviada decidieron retirarse del lugar, en tanto que la victima, lejos de retirarse con sus amigos del restaurante para irse a su casa, optó por quedarse con el acusado Roberto Macneil. También nos dijo que el acusado la invitó a un paseo por la avenida principal de la ciudad, caso que no aconteció pues refiere que el acusado de referencia se fue directamente a su departamento. Señaló que terminaron en el departamento de éste en el que el inculpado abusó sexualmente de ella en más de tres ocasiones.

Asimismo, nos refirió que durante el tiempo que estuvo con el acusado, éste fue a tomarse un baño, mientras ella se quedó en la recamara esperándolo. Refirió también que después que sostuvo relaciones sexuales con el acusado éste se quedó dormido. La defensa, miembros del jurado, sugirió a ustedes que su cliente es inocente del cargo de rapto que imputa en su contra el Departamento de Acusaciones Públicas, argumentando que la señorita Liverman tuvo más de dos ocasiones para escaparse de la presencia de su raptor. Sin embargo, ella no lo hizo argumentando que temía que el inculpado le hubiese hecho algo peor, razón por la cual la defensa argumenta que la víctima estaba consintiendo las pretensiones del acusado, y por esta razón argumenta que su cliente es inocente del delito de rapto que le imputa el Departamento de Acusaciones Públicas en representación de la señorita Helen Liverman. Ahora bien, miembros del jurado, que sean fundados o no los argumentos de la defensa, yo no lo sé, por tanto corresponde a ustedes decidir en todo caso si el acusado es culpable o inocente del delito de rapto que hoy imputa en su contra la agraviada.

De otra forma, si ustedes consideran que la agraviada dio su consentimiento para que, tanto el acusado como ella tuvieran relaciones sexuales, entonces podrá suceder que ustedes encuentren inocente al joven Roberto Macneil del cargo de rapto que imputa en su contra el Departamento de Acusaciones Públicas en agravio de la señorita Helen Liverman. Ahora bien, miembros del jurado, la fiscalía les pidió a ustedes encuentren culpable al acusado allí sentado, basando su culpabilidad en todas y cada una de las pruebas que aportó el Departamento de Acusaciones Públicas durante el proceso, principalmente porque considera que el inculpado de referencia por medio del engaño y violencia física y moral condicionó el consentimiento de la agraviada quien, por cierto, es menor de edad, para que ambos tuvieran relaciones sexuales. Cabe decir también que la propia agraviada nos refirió que el acusado nunca tuvo la intención de llevarla a pasear, al contrario, se dirigió directamente a su departamento donde finalmente abuso sexualmente de ella. De su parte, el abogado defensor del acusado durante su intervención pidió a ustedes que encuentren inocente a su cliente, argumentando que la agraviada había cooperado en todo momento con el acusado para que éste tuviera relaciones sexuales con ella, como quiera que haya sido, corresponde a ustedes decidir en todo caso si el acusado Roberto Macneil es inocente o culpable del cargo de rapto que presenta en su contra el Departamento de Acusaciones Públicas en representación de la agraviada. Ningún sentimiento debe tomar lugar en ustedes miembros del jurado, juzguen el presente caso, tal como ustedes desearían ser juzgados.

En esta etapa del proceso, el juez refiere a los miembros del jurado cada una de las declaraciones dadas por los testigos, oficiales de policía, testigos profesionales y de cualquier otra prueba desahogada e incluida en el curso del proceso. También habla del derecho y se refiere a casos precedentes, similares al caso que los miembros del jurado están por decidir. Pide a los miembros del jurado dejar de considerar aquellos argumentos y pruebas que tanto el fiscal como la defensa ofrecieron y argumentaron durante el proceso, sobre todo si las pruebas son imprecisas y confusas, o que no tienen relevancia ni relación alguna con el proceso. Los argumentos del juez tienen que ver con todos los medios de prueba relacionadas con la conducta delictiva desplegada por el acusado. También pedirá a los miembros del jurado desestimen cualquier prueba o argumento que no tenga nada que ver con el juicio. En resumen, el juez se toma el tiempo necesario para exponer a los miembros del jurado la importancia de los medios de convicción propuestos por las partes durante el proceso, refiere además cuáles son los elementos del tipo penal del delito desplegado e indica si con ellos encuadra justamente con la conducta delictiva desplegada por el acusado.

A lo largo de todo el discurso y a cada momento se escucha decir el juez: Miembros del jurado, miembros del jurado, miembros del jurado.

Otro ejemplo de argumentos, expresados por el juez durante su intervención:

JUEZ: *Recuerdan miembros del jurado que el acusado (x) al ser cuestionado por la fiscalía manifestó lo siguiente: "no tuve la intención de matarlo, sólo quería su dinero, no sé lo que pasó conmigo, me arrepiento haberlo matado". Miembros del jurado, eso fue lo que nos dijo el acusado cuando testificó ante esta corte. Ahora bien, que el acusado nos haya dicho o no la verdad, yo no lo sé, miembros del jurado; por tanto corresponde a ustedes decidir en todo caso si el acusado (x) nos dijo o no la verdad. De modo que de ser así, ustedes habrán de encontrarlo inocente del cargo de homicidio en primer grado y culpable de homicidio involuntario en agravio del señor (x) Sin embargo, si ustedes consideran que el acusado no nos dijo la verdad cuando testificó ante la corte, en el sentido de que no fue su intención de matar a la víctima, entonces ustedes habrán encontrarlo culpable de homicidio en primer grado en agravio del finado (x). Pero antes de que alcancen el veredicto, vayamos más allá de cualquier argumento y duda razonable y analicemos de manera responsable las pruebas en su conjunto para ver si con ellas ha quedado plenamente demostrada la conducta delictiva desplegada por el sujeto activo.*

JUEZ SANDERSON TEMPLE: *Miembros del jurado, el niño(x) al dar su testimonio ante esta corte manifestó que el acusado (x) le tocó sus palomitas, mientras que su hermano de once años de edad nos dijo: "el acusado me tocó el pene en más de dos ocasiones". Miembros del jurado primeramente debemos preguntarnos, ¿por qué razón un niño de once años de edad utiliza un término de gran tamaño para alguien de su edad? A mí mismo me han sorprendido sus declaraciones, es por ello que sugiero a ustedes tengan mucho cuidado cuando deliberen sobre la autenticidad de estas declaraciones, ya que con mi más sumisa actitud y experiencia, los niños de hoy suelen tener una imaginación extraordinaria, en muchas ocasiones fantasiosas y fuera de la realidad, con las que pueden* incriminar a alguien fácilmente. Además, deseo decirles que para que una acusación esté demostrada plenamente, es necesario que la acusación este corroborada con otras evidencias que la hagan verosímil, circunstancia que en el presente caso criminal no acontece.

Corroboración, miembros del jurado, significa que una evidencia dada ante la corte será confiable, sólo si la evidencia está respaldada por otras pruebas que indiquen la misma dirección y sentido que la prueba ofertada en el juicio, con la que nos haga presumir que la declaración dada por la victima tiene otro sustento legal para evidenciar que dicho elemento de convicción es probatorio y se pueda demostrar plenamente. De tal manera que no haya dudas razonables entre el dicho de la parte agraviada con otros medios de pruebas.

Ahora bien, miembros del jurado como ustedes saben en este caso particular, no existen otros medios de convicción para respaldar las imputaciones hechas por la parte agraviada en contra del acusado (x) de cualquier manera corresponde a ustedes decidir en todo caso, si el agraviado dijo o no la verdad. Por tanto, si ustedes consideran que el agraviado nos dijo la verdad, entonces ustedes habrán de encontrar culpable al acusado (x) por el delito de asalto indecente en agravio de (x y x) de lo contrario, si ustedes consideran que el niño (x) fue aleccionado por algún familiar o por alguna otra persona para levantar cargos falsos en contra del acusado (x) en los términos que lo hizo, entonces podría suceder que ustedes llegaran a la conclusión que el acusado es inocente de los cargos de asalto indecente que presenta en su contra el Departamento de Acusaciones Públicas, en agravio y en representación de los menores (x y x). Pero antes de que ustedes emitan su veredicto final vayamos más allá de toda duda razonable y consideremos fielmente cada una de las pruebas ofertadas en el proceso.

Mencionemos otro ejemplo de discurso final del Juez ante los miembros del jurado:

JUEZ: Miembros del jurado, durante el juicio, el fiscal ofreció como evidencias un dictamen científico consistente en la huella de la suela de un tenis. Argumentó que tal huella es la misma huella de la suela del tenis encontrada en la escena del crimen, con la huella de la suela del tenis incautado al acusado unos días después que fue arrestado. Asimismo, *argumentó que dicho tenis lo traía puesto el acusado al momento de cometer el delito de robo con escalamiento. Como ustedes saben, miembros del jurado, las huellas que presenta la fiscalía no son claras ni precisas, pues el experto forense emitió su dictamen comparativo con uno de los tenis propiedad del acusado; sin embargo, debo decirles que desde mi punto de vista y con la experiencia que tengo, las citadas evidencias no son suficientes para incriminar de manera directa al acusado, en razón de que no son precisas para relacionar la participación directa y por ende la responsabilidad penal que se imputa al aquí acusado, dado que en primer término debe tomarse en cuenta que toda acusación debe ser soportada con evidencias claras y científicas, con las que se demuestre plenamente la culpabilidad del reo. De tal manera que no haya ninguna duda razonable de que el reo participó en la comisión del delito de robo que hoy imputa en su contra la fiscalía, lo que no acontece en el presente caso, pues debo señalar que las citadas pruebas no son suficientes para incriminar al aquí acusado. Aunado a ello, ustedes no fueron traídos a la corte para que la hagan de detectives en el presente caso. La responsabilidad de ustedes es la de valorar objetivamente cada una de las pruebas que fueron desahogadas durante el proceso que se sigue en contra del aquí acusado. Por lo tanto, permítanme decirles que ustedes no están obligados a emitir un veredicto de culpabilidad del cual ustedes no están totalmente seguros, pues tienen todo el derecho y privilegio de desechar cualquier prueba sobre la cual ustedes no estén completamente seguros. Ninguna duda razonable debe tomar lugar en este caso particular miembros del jurado; Juzguen el presente caso, tal como ustedes desearían ser juzgados, hechos no opiniones miembros del jurado.*

"Ni a derecha ni ha izquierda" establecen las leyes Mosaicas. Es así como de manera imparcial actúan durante todo el proceso los jueces de Gran Bretaña cuando están atendiendo los casos y dirigiendo sus últimos consejos y recomendaciones a los miembros del jurado.

Veamos el siguiente ejemplo de sugerencias dadas por los jueces antes de finalizar su intervención ante el jurado.

JUEZ: *Miembros del jurado, es mi responsabilidad recordarles que ustedes no están obligados a emitir un veredicto del cual ustedes no estén seguros, y si así llegase a suceder, por favor no se preocupen solo háganmelo saber, y yo me encargaré de tomar las medidas y decisiones apropiadas al caso.*

Es mi responsabilidad decirles también que si mientras deliberan sobre el caso necesitan conocer cualquier orientación sobre el caso, o desean saber algo sobre cualquier punto legal relacionado con la causa penal que nos tiene presentes a ustedes y a mí, no se preocupen en hacérmelo saber, pues estaré atento para decidir y despejar cualquier duda que tenga que ver con el caso que hoy tienen ustedes en sus manos. Eso es todo lo que tengo que decirles; muchas gracias miembros del jurado; Por favor, sigan al ujier a la sala del jurado, una vez que él haya hecho su juramento. Gracias, muchas gracias. Y a usted, joven Roberto Macneil, le ordeno que permanezca al interior de la sala y no la abandone, mientras tanto los miembros del jurado retornen con el veredicto.

ACUSADO: *Está bien, su señoría.*

Esta orden es dada por el juez, cuando el acusado está enfrentando el cargo judicial bajo fianza. Cuando él o los acusados enfrentan el o los cargos bajo custodia, los oficiales de policía conducen al (los) acusado(s) a su (s) celda(s), donde permanecerán, entre tanto los miembros del jurado alcancen el veredicto.

Capítulo 8

EL VEREDICTO

Momentos antes de enviar a los miembros del jurado a la sala del jurado donde permanecerán encerrados para deliberar sobre la culpabilidad o inocencia del o los acusados, veo al ujier dirigirse al banquillo de los testigos desde donde toma la Biblia con su mano derecha y jura diciendo:

UJIER: *Juro ante Dios todopoderoso que mantendré a este jurado en un lugar privado y conveniente, y no haré sufrir a ninguna persona para que platique con ellos. Tampoco platicaré con ellos, concerniente con el juicio de este día sin abandonar la corte, a menos que ellos me lo pidan, al estar de acuerdo con su veredicto.9*

Después de que el ujier ha jurado ante Dios, se le observa conducir a los miembros del jurado a la sala del jurado, donde permanecerán deliberando sobre el caso particular hasta alcanzar el veredicto. Si llegada la noche los miembros del jurado no han llegado a ningún acuerdo sobre el veredicto del, o (los) acusado(s), el juez ordenará que los miembros del jurado sean enviados a un hotel de la ciudad, donde seguirán deliberando hasta alcanzar el veredicto.

---

9   "I swear by almighty god, that I will keep this jury in some private and convenient place, I will not suffer any one to speak to them, neither will I speak to them myself concerning the trial this day without leave of the court, unless it be to ask them if they agreed on their veredict."

Una de las responsabilidades del ujier dentro de la corte, es vigilar en todo momento que nadie se acerque siquiera a la puerta de acceso a la sala del jurado mientras ellos están deliberando.

Es importante destacar que desde el inicio del proceso, y durante todo el proceso el juez advierte a los miembros del jurado que no les está permitido dialogar con ninguna persona, amigo o familiar concerniente con el juicio del día, para evitar con ello, que los miembros del jurado contaminen sus mentes con opiniones extrañas que puedan influir adversamente en la decisión del caso.

En cierta ocasión, y mientras el jurado deliberaba, escuché decir al juez Leaver lo siguiente: "creo que éste es el caso más extraño que nos ha presentado el Departamento de Acusaciones Públicas, y lo digo así, porque considero que lo hizo con las evidencias más pobres de las que yo tenga memoria. Por tanto, esperemos que el jurado nos traiga el veredicto y, cualquiera que este sea, esta misma tarde dejare en absoluta libertad al acusado, pues considero que no existen suficientes elementos de convicción que me haga pensar que el acusado es culpable del delito de robo que imputa en su contra el departamento de acusaciones públicas".

Para fortuna del acusado, el jurado lo encontró inocente. El juez recibe el veredicto con beneplácito, y agradece a los miembros del jurado tal decisión, al mismo tiempo amonesta al reo diciéndole que se mantenga apartado de problemas legales, de lo contrario "la próxima vez –le señala–, me temo que no te irá tan bien como en esta ocasión". "¡Liberen al acusado!" ordena el juez a los oficiales de policía.

Hasta el último momento la justicia británica se asegura que se respeten las formalidades esenciales de un juicio justo. Se puede notar con toda claridad que las partes del caso, conocen perfectamente las reglas del procedimiento, y nadie violenta las mismas o atenta contra el estado de derecho al asumir cada quien su cometido. Sin tomar partido por ninguna de las partes el juez con suma inteligencia e independencia judicial conduce el proceso de manera apropiada, con el objeto de que los miembros del jurado alcancen un veredicto justo en el que prevalezca siempre la verdad.

Cuando los miembros del jurado han alcanzado el veredicto, seleccionan de entre el grupo quien será el presidente del jurado. Esta selección toma lugar en la sala del jurado. El presidente del jurado contestará ante la corte si el acusado o acusados son culpables o inocentes del o de los cargos presentados en su contra por el Departamento de Acusaciones Públicas. No hay reglas para la selección del presidente del jurado, ya que cualquiera de ellos está facultado para pronunciar el veredicto dentro del juicio criminal seguido en contra del o los reos. "Y conoceréis la verdad, y la verdad os libertara" señala el señor Jesús, en el evangelio según san Juan.

Durante el proceso, el fiscal, la defensa y el juez se aseguran que las evidencias ofertadas en el caso se desahoguen de manera clara y objetiva, observando siempre que prevalezcan los principios fundamentales de un juicio justo, con el objeto de cumplir oportunamente con el contenido de la máxima legal que antecede.

Cuando el jurado ha alcanzado el veredicto, lo hace saber al ujier a través de un bulbo pequeño. El foco se localiza en la parte superior de la puerta de entrada a la sala del jurado. Al ser encendido, el ujier se dirige a la sala de audiencias en busca del escribano de la corte para hacerle saber la noticia. Acto seguido, el escribano de la corte se enlaza vía telefónica con los oficiales de policía a quienes les ordena suban al o a los acusados a la sala de la corte. También informa al fiscal y a la defensa de tal acontecimiento.

Una vez que todos están presentes en la sala, el escribano ordena al ujier vaya por los miembros del jurado. Entre tanto, el juez aguarda pacientemente en su privado. En menos de diez minutos, la sala está completamente asistida por las partes involucradas en el juicio, entre ellos: el público, familiares de la víctima y del o los acusados. Cuando la sala de la corte está asistida por todas las partes, el escribano de la corte va por el juez quien espera en su privado para continuar con la audiencia.

Entre los asistentes también se encuentra los medios de comunicación masivos, interesados en conocer el veredicto que ha alcanzado el jurado. Cuando los corresponsales y reporteros conocen el veredicto salen a prisa de la sala de audiencias para informar sobre el veredicto al país. Cuando el caso fue de interés nacional a menudo vemos a los corresponsales en la parte exterior de la corte, desde donde emiten la noticia al pueblo Ingles.

JUEZ: *Bien, damas y caballeros, estamos de regreso. Veamos qué noticias nos tienen los miembros del jurado.*

8.1 El veredicto: un acusado y dos cargos

En estos momentos, el escribano de la corte se pone de pie, tomando en sus manos los formatos oficiales donde marcara con una (x) el veredicto alcanzado por los miembros del jurado. Y antes que esto suceda el escribano de la corte invita al acusado se ponga de pie.

ESCRIBANO: *Puede ponerse de pie el presidente del jurado, gracias. Señor(a) por favor conteste mi primera pregunta, ya sea sí o no. ¿Ha alcanzado el jurado el veredicto del cual todos ustedes estuvieron de acuerdo?*

PRESIDENTE DEL JURADO: *Sí, señor.*

ESCRIBANO: *Si no es así, el juez decidirá el próximo curso de acción. ¿Encontraron ustedes al acusado Robert Anderson, culpable o inocente del primer cargo por el delito de robo?*

PRESIDENTE DEL JURADO: *Culpable, señor.*

ESCRIBANO: *Ustedes han encontrado al acusado Robert Anderson "culpable", ¿y este es el veredicto de todos ustedes?*

PRESIDENTE DEL JURADO: *Así es, señor.*

Mientras el escribano de la corte escucha el veredicto del presidente del jurado, marca con la letra X la palabra "Culpable" (*guilty*), que ya viene integrada en el espacio del formato que el escribano tiene sobre su escritorio. Cuando el reo es encontrado inocente por el jurado, el escribano de la corte marcará la expresión "Inocente" (*not guilty*).

ESCRIBANO: *Encontraron ustedes al acusado Robert Anderson, ¿culpable o inocente por el delito de robo en segundo cargo?*

PRESIDENTE DEL JURADO: *Inocente, señor.*

ESCRIBANO: *Ustedes han encontrado al acusado Robert Anderson inocente, ¿y este es el veredicto de todos ustedes?*

PRESIDENTE DEL JURADO: *Así es, señor.*

ESCRIBANO: *Por favor, tome asiento.*

- Veredicto de "un acusado" un cargo

ESCRIBANO: *Puede ponerse de pie el presidente del jurado, gracias. Señora, por favor, responda mi primera pregunta, ya sea sí o no. ¿Ha alcanzado el jurado el veredicto del cual todos ustedes estuvieron de acuerdo?*

PRESIDENTE: *Sí, señor.*

ESCRIBANO: *Si no es así, el juez decidirá el próximo curso de acción. ¿Han encontrado ustedes al acusado, David Redford, culpable o inocente del delito de asalto indecente?*

PRESIDENTE: *Inocente, señor.*

ESCRIBANO: *Ustedes han encontrado al acusado inocente, ¿y este es el veredicto de todos ustedes?*

PRESIDENTE: *Así es, señor.*

ESCRIBANO: *Por favor, tome asiento.*

La misma técnica emplea el escribano de la corte cuando los acusados son más de dos. El escribano de la corte menciona primeramente el nombre del primer acusado, a continuación lee y pregunta al presidente del jurado por cada cargo de los que haya sido acusado el reo. En tales casos, el presidente del jurado contesta el veredicto alcanzado, y así sucesivamente, hasta concluir con cada uno de los cargos presentados en contra del o los acusados.

Cuando el acusado fue encontrado inocente por el jurado, el juez pregunta a la defensa si tiene intenciones de cobrar los gastos y honorarios erogados por el juicio; en algunos casos en los siguientes términos:

JUEZ: *Señor Lyon, ¿cobrara sus honorarios? Si es así, dime a cuánto ascienden éstos para que yo esté en condiciones de aprobarlos.*

DEFENSA: *Su señoría, muchas gracias por su gentileza y por recordarme el cobro de mis honorarios, pero deseo informarle que antes de que los miembros del jurado alcanzaran su veredicto, tuve la oportunidad de conversar con mi cliente. Durante la conversación me comento que si él triunfaba en el presente caso, no solicitaría a la parte agraviada el reembolso de los gastos y costos que se han generado con motivo del presente juicio. Me informó que él absorbería los gastos de la defensa. De cualquier manera, agradezco a su señoría profundamente su gentileza que nos lo haya recordado. Profundamente, muchas gracias, fue usted muy generoso conmigo durante el juicio.*

JUEZ: *Muy bien, señor Lyon, contesta el juez a la defensa. Liberen al acusado –ordena el juez a los oficiales de policía. Inmediatamente dos oficiales de policía abren la puerta del banquillo de los acusados invitando al acusado abandonarlo.*

Cuando el acusado es encontrado culpable, el juez pregunta al reo si tiene dinero suficiente y disponible para cubrir los gastos generados a su contraparte con motivo de la acusación, de lo contrario, da la oportunidad (al acusado) lo haga de acuerdo con sus posibilidades económicas. En toda ocasión, el juez resuelve dándole la oportunidad para que lo haga en cómodas parcialidades que deberá cubrir a la víctima, así como también le indica la forma en que deberá cubrir la multa a favor del país. Si el reo no cubre la multa impuesta o los honorarios ocasionados a su contraparte, en los términos ordenados por el juez, el reo podrá pedir a la corte un término de gracia para cumplir con tal obligación.

Cuando todo ha terminado, el escribano de la corte cierra el caso diciendo: "Todos de pie en la corte, todas las personas que tengan algo que hacer ante la corte de su majestad, acérquense y pongan atención. "Dios salve a la Reina y a los jueces de su majestad". En estos momentos veo el ujier ayudar al juez ponerse de pie con intenciones de abandonar la sala.

Momentos antes de hacerlo el juez inclinándose da las gracias al público para después partir. Finalmente se le ve salir por el pasillo principal, asistido en todo momento por el personal de la corte.

8.2 Cuando el o los acusados son culpables

Cuando el jurado ha emitido su veredicto y ha (n) encontrado culpable al (o a los) acusados, el juez pide al escribano de la corte vaya en busca del trabajador social. Los ingleses lo llaman *Probattion Officer y* la labor de este personal es preparar un reporte completo respecto de la conducta personal del reo a sentenciarse. A este reporte los Ingleses lo denominan *Criminal Record 10.* Una vez que el escribano de la corte invita al trabajador social se ubique en el banquillo de los testigos, el juez pregunta al trabajador social el tiempo que se llevará en tener listo el record criminal del acusado. Con esta información, el juez, el fiscal y la defensa fijan el día y la hora para sentenciar al o los reos. Por lo general el reporte esta listo en un término de veinte días.

Los jueces emiten sus sentencias de lunes a viernes después de las diez y media de la mañana. El día señalado para la sentencia, llegan puntualmente los medios de comunicación a la corte. El fiscal, la defensa, familiares de la víctima y del o los reos están presentes en la corte. El público también esta presente en la galería de la sala para escuchar la sentencia del juez.

Cuando el juez ha pasado la sentencia sobre el reo, se despide con una reverencia dando las gracias al fiscal, a la defensa, así como al público en general. Finalmente el juez abandona la sala de la corte, mientras los oficiales de policía cierran las puertas del recinto.

---

[10]   El récord criminal, es o (son) los antecedentes penales del reo a sentenciarse. En su reporte el trabador social, incluye entre otros, el aspecto psicológico del reo, el comportamiento del reo dentro de los planteles educativos, y cualquier otra cuestión relacionada con la conducta y actitud personal del acusado, son mencionados ante la corte por el trabajador social.

8.3 Sentenciando

El día señalado para dictar la sentencia es tan importante, como otros aspectos del proceso, toda vez que los cargos criminales son de orden público y, por ende, la sociedad está interesada en saber cuál será la decisión final del juez respecto de la situación jurídica del reo. El juez pasará la sentencia sobre el reo, una vez que ha escuchado del trabajador social el reporte personal o record criminal del acusado, incluyendo cualquier otra referencia de buena conducta ofrecida por la defensa a favor del acusado a sentenciarse.

Una vez que el trabajador social ha jurado ante la corte decir la verdad, inicia su labor mencionando el nombre completo del reo, incluyendo el alias, si lo tiene, la fecha y lugar de su nacimiento, el nombre de sus padres, el nombre de las escuelas donde cursó sus estudios, el oficio o profesión que desempeñaba antes de ser arrestado por el Departamento de Policía. Asimismo, menciona todos los delitos que el reo ha cometido en el pasado, así como también cita el nombre de las prisiones donde el reo ha servido su o sus sentencias. Referirá a la corte si el reo tiene problemas sicológicos, la formación cultural de su niñez, los problemas familiares (si los tuvo) etc, etc. El estado tiene un record personal de cada ciudadano inglés, desde el día de su nacimiento, hasta el momento en que ha sido llevado ante la justicia. De igual forma cita los servicios sociales que el reo haya dado a favor de la nación, o cualquier otra obra social dada por este a favor de la comunidad.

Cuando el juez está listo para sentenciar, pregunta al acusado y abogados si tienen algo que decir antes de pasar la sentencia sobre el. En la mayoría de las ocasiones el juez pregunta al reo lo siguiente: ¿Tienes algo que decir antes de que yo pase la sentencia sobre ti? El acusado responde: No su señoría, no tengo nada que decir, muchas gracias. Muy bien, contesta el juez.

JUEZ: *¿Tiene algo que decir el fiscal o la defensa antes de que pase la sentencia sobre el reo?*

FISCAL: *Su señoría, sólo quiero pedirle que al momento de pasar la sentencia sobre el reo lo haga imponiéndole una pena ejemplar, tomando en cuenta la naturaleza y seriedad del delito que ha cometido. Eso es todo* *lo que tengo que decir en representación de la Corona. Muchas gracias, su señoría.*

JUEZ: *Tomaré en consideración sus comentarios señor Almond. ¿Tiene algo qué decir la defensa a favor de su cliente antes que yo pase la sentencia sobre el reo?*

DEFENSA: *Con su venia, su señoría, antes de que usted pase la sentencia sobre mi cliente solicito a usted me permita ofrecer dos testimonios de buena conducta con cargo a los señores J. Bayard Kemble y Eleonor Foster, personas que refieren conocer a mi cliente desde su infancia: su Señoría, como usted podrá informarse, desde su infancia mi cliente ha sufrido de problemas emocionales, derivados de la falta de atención que tuvieron sus padres para con él, quienes lo dejaron en completo abandono cuando éste era un niño, lo que tal vez pudo influir sustancialmente en su formación personal y como consecuencia de ello pudiera darse el caso que mi cliente cometiera el delito de rapto que hoy imputa en su contra el Departamento de Acusaciones Públicas.*

JUEZ: *Por supuesto que nos gustaría escuchar los testimonios de sus testigos señor Richardson –dice el juez a la defensa.*

En este instante el escribano de la corte pide al ujier vaya por el primer testigo.

Una vez que el testigo ha jurado decir la verdad ante la corte; la defensa da comienzo con su examinación. Por su importancia cabe decir aquí que el fiscal no interrogará al testigo, pues se trata de un testigo de buena conducta que viene a la corte solo a testificar sobre el comportamiento del acusado. Tampoco los miembros del jurado se encuentran presentes en calidad de jurado, ya que el cometido de ellos terminó con el veredicto alcanzado. A menos que ellos, (los miembros del jurado) asistan a la corte en calidad de espectadores.

DEFENSA: *Señor Kemble, puede decirle a la corte su nombre completo, su edad y su domicilio, por favor.*

TESTIGO: *Me llamo James Bayard Kemble, tengo setenta años de edad y vivo en 19-A, Lamaleach Park, en Frekelton, condado de Lancashire.*

DEFENSA: *Señor Kemble, conoce usted al acusado Roberto Macneil.*

TESTIGO. *Sí lo conozco, señor.*

DEFENSA: *Dinos, ¿por qué lo conoce y desde cuándo lo conoce?*

TESTIGO: *Conozco al joven Roberto Macneil desde que el tenía cinco años de edad, pues mi familia y yo fuimos vecinos de sus padres, los señores Eduardo y Mary Macneil.*

DEFENSA: *Señor Kemble, puede decirle a la corte, ¿cuál ha sido el comportamiento del joven Roberto Macneil desde el tiempo que usted lo conoce?*

TESTIGO: *Desde que conozco al joven Roberto Macneil, siempre fue muy respetuoso tanto conmigo, como con mi esposa y mis hijos, con quienes por cierto jugaba en nuestra casa. Todos nosotros le tomamos mucho afecto, porque como lo he dicho, fue respetuoso con toda mi familia. Recuerdo que mi esposa estaba encantada de él.*

DEFENSA: *Señor Kemble, podría decirle a la corte, ¿cuál fue el trato que brindaron los padres del acusado al joven Roberto Macneil, desde que usted lo conoce?*

TESTIGO: *Mi familia y yo observamos que los señores Macneil siempre dieron un trato con amor y respeto en todos sentidos al acusado. Sin embargo debo decir, que los padres del acusado comenzaron a tener serios problemas personales en virtud de que el señor Macneil llegaba tarde y ebrio a casa, provocando grandes escándalos en la vecindad. Debo decir que en muchas ocasiones golpeó a su esposa, circunstancia que sin lugar a dudas influyo en el estado emocional y sicológico del acusado. Posteriormente, los señores Macneil terminaron divorciándose, lo que me imagino empeoró mas la situación emocional del acusado Robert Macneil.*

DEFENSA: *Ya veo… Señor Kemble, ¿desea usted agregar algo más a su testimonio?*

TESTIGO: *Después que empeoraron los problemas entre los señores Macneil, notamos que el estado emocional del acusado comenzó a* *deteriorarse. Mi familia y yo notamos que el joven comenzó a perder interés en el y por la vida, me imagino que la separación de sus padres repercutió considerablemente en su salud emocional. Él nos contaba todo de su vida. Cuando nos enteramos que el Departamento de Acusaciones Públicas presentó cargos en su contra por el delito de rapto en agravio de la señorita Helen Liverman, nuestra familia recibió la noticia con gran impacto y tristeza. Nos consternó saber que le hubiese sucedido algo parecido al joven Roberto. Siempre nos sentiremos tristes y apenados por tales sucesos.*

DEFENSA: *Señor Kemble, quisiera agregar algo más a su testimonio.*

TESTIGO: *Sólo espero que el joven Roberto se rehabilite muy pronto y pueda incorporarse nuevamente a la sociedad. Eso es todo lo que tengo que decir.*

DEFENSA: *Gracias, señor Kemble, es usted muy generoso. Su señoría, me gustaría llamar al banquillo de los testigos a la señora Eleanor Foster.*

JUEZ: *Que pase al banquillo de los testigos la señora Eleanor Foster.*

Las referencias y testimonios de buena conducta son un último intento que el abogado defensor hace, con la mera intención de que el juez sea justo y clemente con su cliente. Los jueces siempre toman en cuenta los argumentos de buena conducta citados por el abogado defensor a favor del reo. Las sentencias que emiten los jueces ingleses dependen de la seriedad del delito. El juez toma en cuenta la actitud personal del reo durante el proceso, y esto lo nota a través del lenguaje corporal del acusado mientras se desarrolla el juicio, de igual forma toma en cuenta las referencias personales que la defensa ofrece a su favor.

DEFENSA: *Su señoría, también tengo en mis manos dos referencias personales suscritas a favor de mi cliente por las señoras Sheila Harris y Sara O'Sullivan. Las citadas personas refieren estar completamente sorprendidas al saber que mi cliente ha sido acusado y encontrado culpable por el delito de rapto cometido en agravio de la señorita Helen Liverman, pues refieren que mi cliente es una persona con un alto sentido de responsabilidad y no entienden que haya pasado con él. Por otro lado, es mi deseo informarle a su señoría que hoy por la mañana me entrevisté* con mi cliente. Durante la entrevista él me manifestó que está totalmente avergonzado y arrepentido por haber cometido el delito de rapto que le imputa la agraviada Helen Liverman, con lo cual avergonzó a su familia y a sus amigos.

También me comentó que cumplirá la sentencia cualquiera que su señoría tenga en mente imponerle. Y una vez cumplida, se incorporará nuevamente a la sociedad, comprometiéndose con él mismo y con la sociedad no volver a delinquir. Sólo espera que la víctima y la sociedad lo perdonen de tal delito cometido. Los señores Macneil, padres de mi cliente también están apenados por la mala conducta de su hijo. Me informaron que tan pronto como su hijo cumpla su sentencia, cualquiera que su señoría tenga en mente imponerle, venderán sus propiedades que tienen en la ciudad de Preston y se irán a vivir al condado de Manchester, donde tienen planeado abrir un negocio, con el objeto de que su hijo emprenda una nueva vida. Por último, su señoría, sólo deseo recordarle que mi cliente tiene más de un año bajo custodia desde el momento que fue arrestado por el Departamento de Policía, por lo tanto solicito a su señoría tome en consideración tales circunstancias antes de pasar su sentencia sobre él. Por su gentileza y generosidad, muchas gracias, su señoría.

JUEZ: *Muchas gracias, señor Richardson.*

Cuando se trata de reos mayores de edad, los abogados defensores traen a la memoria del juez tal circunstancia, con el objetivo de que el juez tenga clemencia a favor del acusado. Por lo general, los jueces siempre tienen misericordia de las personas adultas a quienes después de amonestarlos agresivamente les imponen sentencias mínimas, entre otras encontramos: trabajos a favor de la comunidad, permanecer bajo observación de la autoridad social o, en el mejor de los casos, el juez suspende la sentencia a favor del reo convicto. De modo que los jueces de Gran Bretaña, no sólo se encargan de enviar a prisión a los reos convictos, sino también brindan a éstos la oportunidad de rehabilitarse ellos mismos.

Al tratarse de reos que desempeñan alguna carrera profesional, o cuando es el caso que el acusado haya prestado algún servicio profesional a favor del gobierno o sociedad, siempre será motivo de consideración. Los abogados defensores aprovechan las cualidades de sus clientes poniéndolas en consideración del juez. Cuando se trata de reos que ejercen profesiones como contadores públicos o abogados, y son encontrados culpables, los jueces ordenan la suspensión provisional o definitiva de sus cédulas profesionales y los envían a prisión. Cuando los jueces pasan sus sentencias sobre estos reos, les hace ver que son conocedores del derecho y de la ley y, por tales motivos, no pueden darse el lujo de incurrir en faltas a la moral y al derecho.

No obstante, cuando el record criminal del acusado es comprometedor, la defensa suele hacer los siguientes argumentos.

DEFENSA: *Su señoría, estoy en una posición muy difícil, tan difícil que no me permite decir nada a favor de mi cliente. Por tanto, he decidido dejarlo a merced de su experiencia y consideración, esperando que al momento de resolver el presente caso, tenga usted misericordia de él.*

JUEZ: *Señor Smith, estamos frente a un caso muy serio, por tanto me apena decirle que no podré hacer nada por su cliente, solo espero que comprenda las razones de mi proceder.*

DEFENSA: *Entiendo su señoría.*

En ocasiones y antes de que la defensa haga cualquier petición a favor de su cliente el juez dice a la defensa:

JUEZ: *El caso que hemos escuchado es un caso muy serio, por tanto pido a usted sea razonable al momento de formular sus peticiones.*

Otro ejemplo de peticiones previas a la sentencia:

FISCAL: *Con su venia su señoría, sólo deseo pedirle que al momento de pasar la sentencia sobre el acusado, lo haga imponiéndole la pena más alta que establecen nuestros estatutos de ley, esto si tomamos en consideración la seriedad del crimen cometido, pues cabe decir a su señoría* (aquí se señalan los argumentos del fiscal). *Por su atención, gracias, su señoría.*

JUEZ LEAVER: *Sr. Foster, aprecio mucho el trabajo que usted hizo durante el proceso, en verdad lo felicito porque lo hizo de manera inteligente y profesional. Pero que yo tenga que sentenciar al acusado con la pena más alta que establecen nuestras leyes al caso, sólo porque usted me lo pide he* *de recordarle que esa potestad es de mi más entera y alta discreción. Por tanto, lo invito me permita hacer mi trabajo, pues usted ha hecho el suyo.*

FISCAL: *Discúlpeme, su señoría.*

JUEZ LEAVER: *Está bien.*

En el caso de asalto indecente que se menciona en esta investigación, la defensa argumentó al juez lo siguiente:

DEFENSA: *Su señoría, quiero decirle que el día de hoy conversé con mi cliente cuestiones relacionadas con el delito de asalto indecente, que enfrenta de manera avergonzada ante esta Corte de la Corona. Me comentó que se siente muy avergonzado por el hecho de haber sido acusado y encontrado culpable por tal delito, con lo cual ha denigrado a su esposa, hijos y amigos.*

También me dijo que cualquiera que sea la sentencia que su señoría tenga en mente imponerle, la servirá en sus términos y una vez que la haya servido, nunca jamás cometerá otro crimen que lo ponga de nueva cuenta en momentos tan embarazosos como éste. Me dijo que buscará un trabajo digno que le permita sostener a su familia que tanto le preocupa y ama.

Su señoría tengo aquí en mis manos dos referencias personales expedidas a favor de mi cliente por los señores Walters. En ellas manifiestan su sorpresa al conocer la noticia que mi cliente enfrenta cargos criminales en su contra; ello porque lo conocen desde hace varios años y lo consideran una persona honorable, en razón de que han sido sus vecinos, y por ello, tienen conocimiento que el reo ha sido una persona respetuosa, honesta y de trabajo. Razón por la cual están totalmente consternados al saber que mi cliente haya sido acusado y encontrado culpable por el delito de asalto indecente.

Por último, pido a su señoría tome en consideración el hecho de que mi cliente es un infractor primario, pues es la primera vez que se encuentra involucrado en un crimen, por lo que con mi más sumisa actitud, pido a su señoría sea clemente al resolver sobre la pena que habrá de imponerle. Eso es todo lo que la defensa desea manifestar a favor de mi cliente, muchas gracias, su señoría, por tanta generosidad.

JUEZ: *Sr. Macmillan, no dude que tomaré en consideración todos sus argumentos al momento de pasar la sentencia sobre el acusado, quiero aprovechar la ocasión para felicitarlo, y decirle que su intervención en el proceso fue extraordinaria.*

DEFENSA: *Gracias, su señoría.*

Otro ejemplo de intervención de la defensa es el siguiente:

DEFENSA: *Mi cliente, su señoría, no tan sólo está avergonzado por lo que hizo, sino también por los daños que ha ocasionado a sus padres e hijos. Me ha dicho que está totalmente arrepentido. Su señoría mi cliente tiene bajo su custodia y cuidado cuatro hijos: los cuatro son menores de edad, quienes responden a los nombres de John, Paúl, Robert y Richard, de apellidos Selman. Todos ellos estudian en el colegio Tuckson de esta ciudad de Preston; el primero cursa el sexto grado; el segundo, el quinto; el tercero cursa el cuarto año de primaria y el menor, Richard, cursa el segundo grado de kínder. Siendo mi cliente el único soporte económico de su familia, como es de suponerse, sus hijos necesitan de su cuidado y apoyo económico. Por esta razón, solicito a su señoría tome en cuenta todas estas consideraciones y tenga clemencia y misericordia de mi cliente al momento de pasar la sentencia sobre él. Muchas gracias, su señoría.*

JUEZ: *Sr. Macmillan, como usted vera, el caso que estamos atendiendo es un caso muy serio, razón por la que no tengo mucha simpatía por su cliente. Usted argumenta que su cliente se encuentra arrepentido del delito cometido y que además tiene cuatro hijos a su cargo: yo diría que su cliente debió haber tomado en cuenta todos estos factores antes de cometer el delito de asalto y batería en que ha incurrido. Sin embargo, déjeme ver qué puedo hacer por él, de antemano le anticipo que estoy totalmente disgustado con su cliente y la verdad no sé qué tanto pueda hacer por él. Como sea, gracias por sus comentarios.*

DEFENSA: *Gracias su señoría. Muchas gracias.*

Otro ejemplo de argumentos que expone la defensa frente al juez.

DEFENSA: *Como mi señor sabe, ante esta corte mi cliente se declaró culpable de todos y cada uno de los cargos presentados en su contra* *por el Departamento de Acusaciones Públicas. Mi señor, se trata de un caso muy triste, y desde mi punto de vista, debe ser tratado de manera especial. Desde el momento en que mi clienta fue arrestada por la policía nunca negó los cargos que está enfrentando ante esta corte de manera triste y avergonzada. Como ya todos sabemos, el caso incrimina a la doctora Sharon Foster, médico cirujano, con una amplia experiencia en su profesión, resultado de su constancia y persistencia, circunstancia que ha quedado respaldada con las bastas referencias dadas a su favor por sus colegas y sus clientes, así como otras instituciones públicas donde ella ha laborado. Aunado a ello, es importante destacar a mi señor que la doctora Sharon Foster, utilizó las drogas únicamente para su uso personal y no con ánimos de recetarlas a terceras personas. De igual forma deseo recordarle a mi señor que mi cliente es un infractor primario y desde el momento que enfrenta este juicio ha estado bajo custodia aproximadamente un año. En razón de lo antes expuesto pido humildemente a mi señor que al momento de pasar la sentencia sobre ella, lo haga tomando en consideración todas estas cuestiones y tenga clemencia y misericordia de ella. Eso es todo lo que tengo que decir en representación de mi cliente, muchas gracias por todas sus atenciones, ha sido usted muy generoso y gentil conmigo.*

Hablar de misericordia es muy usual dentro de los juicios criminales. Los abogados defensores pedirán al juez clemencia y misericordia a favor de su cliente antes de que el juez pase la sentencia sobre el reo. En el libro de Levítico, podrá encontrarse el pasaje bíblico en el que Dios señala lo siguiente "Si alguien de ustedes contraviniere mis leyes y estatutos y anduviere en oposición de mí, y cometiere todo tipo de ofensas delante de mí; y aun así, viniere a mí y me pidiere perdón, yo lo perdonaré" porque yo soy Jehová tu Dios. Los jueces ingleses siempre tienen presente que la misericordia es un sentimiento divino al que ellos recurren hasta en los casos más difíciles, sobre todo cuando el reo convicto manifiesta estar arrepentido por el o los delitos que ha cometido.

Aceptar la verdad y pedir perdón también es digno de reconocimiento.

Cando el abogado defensor considera que existen pocas probabilidades de ganar el caso, solicita al juez previo consentimiento de la parte que representa, presente nuevamente los cargos criminales a su cliente, con la intención de que el acusado tenga una nueva oportunidad para declararse culpable del cargo o de alguno de los cargos criminales presentados en su contra. Esto sucede cuando el acusado en un principio se complació inocente de los cargos imputados en su contra.

Cuando el juez decide dejar en libertad condicional al acusado, lo amonesta empleando fuertes calificativos en su contra, a la vez que lo invita para que no incurra más a cometer otra ofensa criminal. Cuando el jurado encuentra inocente al reo de los cargos presentados en su contra, el juez ordena en ese preciso momento su inmediata libertad.

Desde el inicio del juicio hasta el final del mismo se nota el agradecimiento, respeto y armonía que existe entre la autoridad y las partes del proceso. El respeto que existe entre la defensa y el fiscal es notorio, ya que durante el curso del proceso se ofrecen disculpas cuando alguno de ellos ha incurrido en alguna falta importante. El propio juez pide disculpas al fiscal y a la defensa cuando por alguna razón o motivo legal tiene que hacerlo. El agradecimiento y cortesía dado entre los ingleses, hace de esta sociedad un país excepcional.

8.4 Intervención del trabajador social

Previo a emitir la sentencia, el juez pide escuchar el record criminal del acusado. En este momento el trabajador social se dirige al banquillo de los testigos, desde donde se propone leer los antecedentes del acusado. Es importante señalar que cualquier antecedente y récord criminal del reo no se mencionan durante el proceso, con la mera intención de que el mismo contamine la mente de los miembros del jurado al momento de resolver sobre el veredicto. Los medios de comunicación masiva tienen prohibido publicar cualquier información en relación con la persona mientras dura el proceso criminal. Únicamente les está permitido publicar lo que han escuchado en la corte durante el juicio. También les está prohibido (a los medios de comunicación) revelar la identidad personal de personas menores de edad involucradas en un proceso criminal, así como publicar cualquier fotografía relacionada con personas menores de edad.

TRABAJADOR SOCIAL: *Con su venia, su señoría, el nombre del acusado es Roberto Redford, tiene 21 años de edad. Nació en Blackburn, el día 20 de enero de 1970, es hijo de los señores Charles y Carolina*

Redford. Inició sus estudios en el kinder Garthen, en el colegio Tukcson, de esta ciudad, donde concluyó en el año de 1973. Posteriormente curso sus estudios de primaria en la escuela primaria "Reina Elizabeth Primera", donde terminó en el año de 1979. Nuevamente ingresó al colegio Tukcson, en donde en el año de 1982 concluyó sus estudios de secundaria. A finales de 1986, sus padres se divorciaron, quedando la custodia del acusado a cargo de su señora madre.

Existen antecedentes de que la separación de sus padres afectó tanto al joven Robert Redford que decidió abandonar sus estudios comenzando a relacionarse con grupos de pandillas, con las que incursionó en las drogas y se entrenó para delinquir, cometiendo su primer robo en el año de ( ), en la tienda denominada( ). En el año de ( ), fue acusado de robo y encontrado culpable al haber ingresado a la tienda Woolwoth donde robo varios artículos y más de $1 500 libras esterlinas en efectivo. Posteriormente en el año de ( ), en esta misma ciudad de Preston y en compañía de otros delincuentes, se introdujo en la tienda de ventas de autos denominada NISSAN and Co, donde sustrajo un automóvil marca Vauxhall Cavalier, registrado con número de motor 29834 5-. Fue juzgado y encontrado culpable de tal ofensa criminal y sentenciado a cinco años de prisión, sentencia que sirvió en la prisión de esta ciudad de Preston. Eso es todo lo que tengo que decir su señoría.

JUEZ: *Gracias. Muchas gracias, señor Friedman.*

Desde el inicio de las investigaciones criminales hasta la sentencia, el poder judicial inglés se asegura que el reo tenga un juicio justo; así también, y para que el juez esté en condiciones de resolver conforme a derecho y justicia, sobre la sentencia que muy pronto habrá de imponerle, está interesado en escuchar los antecedentes penales del acusado.

Sin limitación legal alguna y de manera sumisa, la defensa trata muchas veces de justificar la conducta criminal de su cliente, argumentando que la actitud personal de su cliente tiene que ver con su formación cultural, muchas veces la defensa hace alusión al juez, respecto de malos tratos que el reo convicto recibió durante su niñez de parte de sus padres.

Una vez que el servidor social ha leído el récord criminal del acusado, desciende del banquillo de los testigos, dejando al juez la tarea de sentenciar al reo convicto.

Cuando el juez tiene que dictar sentencia a varios reos, lo hará en orden, uno por uno será sentenciado hasta concluir con todos y cada uno de ellos. El acusado a sentenciarse permanece de pie mientras los demás coacusados permanecerán sentados. Cuando el juez menciona el nombre del reo convicto, este se pone de pie a invitación del oficial de policía que se encuentra muy cerca del banquillo de los acusados. La reacción de los acusados varía en cada uno de ellos, algunos comienza a llorar, otros se muestran humillados, al saber que muy pronto serán sentenciados, en cambio otros toman las cosas con calma y tranquilidad. Cuando la persona a sentenciarse es mayor de edad o sufre de alguna discapacidad física, siempre es tratada con dignidad y respeto por el juez. El juez le ordena al reo diciéndole "podrás permanecer sentado(a) mientras paso la sentencia sobre ti". Ante tal invitación, el acusado agradece la benevolencia del juez.

8.5 La sentencia

Son las diez con veinticinco minutos de la mañana, y antes de que el juez arribe a la sala de audiencias el escribano de la corte y sus auxiliares se aseguran que el juez tenga todos los medios a su alcance antes de comenzar con su cometido. En el tribunal de la Reina se puede nota la existencia del expediente que contiene todas y cada una de las pruebas presentadas por el departamento de acusaciones publicas. Así también, se nota la existencia de la libreta de apuntes del juez, la cual contiene las expresiones mas relevantes que el juez fue anotando durante todo el proceso, mismas que fueron dadas por los testigos ante a la corte, en relación con la causa penal seguida en contra del o los acusados, expresiones que serán motivo de remembranza por el juez al momento de pasar la sentencia sobre el o los reos convictos.

Con la asistencia de las partes, el juez abre la sesión diciendo: Buenos días damas y caballeros.

En seguida juez da comienzo con la sentencia mencionando primeramente el nombre del acusado, menciona el número de la causa penal y la ofensa criminal cometida por el acusado en agravio de la parte ofendida. Mientras el juez sentencia al reo, hace referencia de todas y cada una de las pruebas desahogadas a lo largo del proceso. Entre otras hace referencia de aquellas evidencias que recabó el Departamento de Policía en la etapa de investigación. Asimismo, cita las pruebas y testimonios dados por los testigos durante la etapa de investigación y durante el desarrollo del proceso. De igual manera hace referencia de cualquier dictamen científico dado por los testigos profesionales durante el proceso, las declaraciones que dio el propio acusado frente a los oficiales de policía durante la etapa de investigación, y de todas aquellas que fueron desahogadas durante el proceso ante la corte, serán también motivo de remembranza por el juez mientras pasa su sentencia sobre el reo. También describe el significado del delito que imputa la fiscalía al acusado; refiere los elementos del tipo penal del delito imputado; así también hace referencia de cada prueba desahogada por la defensa y todas aquellas referencias de buena conducta ofrecida por la defensa a favor de su cliente. Por ultimo, el juez, toma en consideración el reporte dado por el trabajador social, respecto de los antecedentes criminal del acusado, si los hay.

Antes de concluir, el juez refiere al acusado los motivos por el cual le impondrá tantos años de prisión o, en todo caso, le dirá la razón por el cual le suspenderá la sentencia. Se podrá dar el caso que el juez imponga una pena condicional o una multa en concepto de reparación de daños y perjuicios, incluyendo el pago de honorarios a la contraparte. Sea cual fuere la sentencia, el juez siempre pregunta al reo de qué manera y en qué tiempo desea cubrir los honorarios a la parte agraviada, así como la multa impuesta a favor del país.

Cuando son varios los delitos cometidos por el acusado, es usual escuchar al juez decir los años que corresponde a cada crimen. Una vez que ha contabilizado los años que corresponde a cada delito, menciona al reo el total de los años que habrá de servir en prisión. El modelo de justicia criminal británica se destaca precisamente por brindar a los reos culpables la oportunidad de corregir su proceder, con la mera intención de que sean ellos mismos quienes se reincorporen nuevamente a la sociedad.

Veamos el siguiente ejemplo de argumento citado por el juez, mientras dicta la sentencia sobre el reo convicto.

JUEZ: *Sr. Eduardo Rafelson, el Departamento de Acusaciones Públicas presentó cargos en su contra por el delito de homicidio en primer grado, en agravio de Henry Hudson, previsto y sancionado por los estatutos de ley ( ), cargo al que usted se declaró inocente, y en cambio usted se complació culpable de homicidio involuntario previsto y sancionado por* el fundamento legal ( ), *motivo por el cual fue juzgado por un panel de ciudadanos ingleses conforme a las leyes de nuestro país, quienes después de haberlo juzgado fielmente con todas y cada una de las evidencias presentadas y desahogadas durante el juicio usted, fue encontrado culpable por el jurado por el delito de homicidio en primer grado en agravio del finado Henry Hudson. Y Antes de que pase la sentencia sobre usted me gustaría analizar (continua el juez con sus argumentos).*

Mientras el juez impone las penas y medidas de seguridad en que habrá de quedar el reo, el escribano de la corte quien se encuentra de pie, redacta en el formato que tiene sobre su escritorio, los años que el juez impone al acusado. En ciertos casos, los jueces recomiendan a las autoridades administrativas y carcelarias no otorgar ningún beneficio de libertad condicional anticipada a favor del reo mientras este cumple con la sentencia impuesta. Esto quiere decir que las autoridades carcelarias no podrán otorgar ningún beneficio de libertad condicional anticipada a favor del reo sentenciado, sólo por hecho de que el reo guarde buena conducta en prisión, mientras cumple con la sentencia impuesta por el juez.

A continuación se presenta parte de la sentencia emitida por el *lord* Philip Otton, contra de la doctora Sharon Foster, quien opto por complacerse culpable ante la corte por el delito de: contra la salud en su modalidad de consumo de heroína.

JUEZ: *Sra. Sharon Foster, como usted sabe, el Departamento de Acusaciones Públicas presentó cargos en su contra por delitos contra la salud, en su modalidad de consumo de heroína, previsto y sancionado por los estatutos de ley ( ) cargos a los que usted se declaró culpable ante esta corte. Quiero decirle que estoy muy avergonzado de usted, en razón de que aprovechando de su posición de médico cirujano usted se auto recetó fuertes cantidades de heroína. Como haya sido, estoy consciente que el suministro de esas drogas fueron hechas para su uso personal. Sin embargo, debo decirle que con su actitud usted abuso flagrantemente de su* *posición de médico práctico, poniendo en riesgo su vida que hoy la tiene en ese estado tan deplorable de salud.*

Señora Foster, como médico que es, debe saber lo serio que es suministrarse fuertes cantidades de heroína, especialmente porque como médico debe saber lo riesgoso que es el hecho en sí. De cualquier manera y pese a la seriedad de la ofensa cometida por usted he tomado ansiosas consideraciones a cada una de las evidencias y argumentos que ofreció a su favor la defensa, quien por cierto me ha pedido gentilmente tome en consideración el hecho de que es la primera vez que usted ha cometido una ofensa criminal. También he tomado en consideración las referencias personales que han expedido a su favor algunas instituciones públicas como privadas. En ellas, se aprecian los servicios profesionales que usted ha prestado en beneficio de la sociedad, así como también nos hizo llegar algunas referencias personales de algunos de sus colegas, quienes por cierto expresan su extraordinaria trayectoria profesional, respeto y preocupación por usted.

Por todas estas consideraciones he decidido sentenciarla a tres años de prisión, sentencia que deberá servir en la prisión de esta ciudad de Preston, condado de Lancashire. Quiero decirle que tengo todos los motivos y facultades legales para mandarla a prisión ahora mismo si así me place, sin embargo, no lo haré, en su lugar he decidido suspender la sentencia dos años, lo que quiere decir que si durante este lapso de tiempo usted guarda buena conducta y deja de suministrase las dosis de heroína tal como lo hizo hasta el día de su arresto, podría suceder que usted no servirá los tres años en prisión que en este momento le estoy imponiendo. De lo contrario, déjeme decirle de una vez por todas que si incurre nuevamente a auto suministrarse heroína o cualquier otro tipo de drogas o estupefacientes, o comete cualquier otro delito mientras esta bajo observación, no tan solo servirá la pena de tres años en prisión que en este momento le he impuesto, sino también será juzgada por el nuevo delito, y sentenciada de manera más severa que en esta ocasión, si no cumple con estas determinaciones. ¿Entiende usted esto?

ACUSADA: *Entiendo mi señor.*

JUEZ: *Ahora bien, mientras transcurren los dos años que he decidido suspenderle la sentencia quedará bajo observación de esta corte y de la* *autoridad sanitaria correspondiente. Así también deberá informar a esta corte de su comportamiento y estado emocional durante este lapso de tiempo que he decidido suspenderle la sentencia ¿Esta Usted de acuerdo?*

ACUSADA: *Estoy de acuerdo, mi señor.*

JUEZ: *Por el momento, ordeno a usted pague al Estado, en concepto de multa, la cantidad de $3 000.00 libras esterlinas, misma que deberá cubrir ante esta corte en un periodo no mayor de tres meses, debiendo cubrir la cantidad de mil libras esterlinas mensualmente. ¿Está usted de acuerdo?*

ACUSADA: *Estoy de acuerdo, mi señor.*

JUEZ: *Señora Foster, espero se recupere muy pronto y se incorpore nuevamente a sus labores de médico práctico. ¡Buena suerte! ¡Pueden liberarla!*

ACUSADA: *Gracias, mi señor.*

DEFENSA: *Gracias, mi señor.*

JUEZ: *Muy bien.*

Durante la sentencia, los jueces emplean fuertes calificativos y términos en contra de los acusados. Esta libertad de expresión es usada por los jueces, cuando los criminales fueron despiadados con la víctima al momento de cometer el crimen.

Los jueces se toman el tiempo que ellos deseen, al emitir sus sentencias sobre los reos, no tienen prisa, analizan y razonan punto por punto los documentos y expresiones dadas en la corte durante el proceso. En la mayoría de los casos, los jueces se toman más de tres horas sentenciando.

El párrafo de la sentencia que a continuación se menciona fue emitido por el juez Leaver en contra del señor Roberto Selman, quien fuera acusado por el delito de asalto y batería en agravio de su esposa, la señora Mary Selman.

JUEZ: *Señor Roberto Selman, ante esta corte y bajo el expediente número 2030-50, usted fue acusado por el delito de asalto y batería cometido en agravio de su esposa Mary Selman. Cargos de los que se complació culpable ante esta corte. Durante el proceso, la fiscalía nos mostró una serie de fotografías tomadas a su esposa inmediatamente después de que usted en estado de ebriedad la golpeara y humillara brutalmente. En las fotografías se aprecia claramente cómo por poco le saca los ojos con la golpiza que le propinara. A lo largo de este proceso seguido en su contra he querido entender su proceder. Primeramente quisiera saber qué tenía usted en mente cuando de manera despiadada azotaba a su esposa, mientras ella le pedía que no la siguiera golpeando. Seguramente se le olvidó que estas prácticas bárbaras han pasado de moda en nuestro país, donde tenemos leyes estrictas que protegen la integridad física y moral de nuestras mujeres. ¿Quién crees que eres para pegarle a una mujer? ¡Si cree que eres un hombre, está equivocado, marrano ignorante! Por esta razón y tomando en consideración la seriedad del delito que ha cometido en agravio de tu esposa he decidido condenarlo a siete años en prisión, sentencia que deberás servir en la prisión de esta ciudad de Preston de este condado de Lancashire. Además ordeno que durante este tiempo en que cumpla su sentencia las autoridades carcelarias no le otorguen ningún beneficio de libertad condicional anticipada, por tratarse de un delito muy serio. Por lo tanto, lo conmino para que en lo sucesivo corrija su proceder y deje de maltratar a su esposa, de lo contrario debo advertirle de una vez por todas que la próxima vez que lo tenga frente a mí, no le irá mejor que esta vez. ¡Apártenlo de mi vista!, ¡llévense y encierren a este cobarde infeliz, antes de que yo cambie de parecer!* —ordena el juez Leaver a los oficiales de policía.

Cuando el juez ha sentenciado al reo, el ujier clausura la audiencia en los siguientes términos:

UJIER: *Todos de pie, por favor. Todas las personas que tengan algo que hacer ante la corte de su majestad, acérquense y pongan atención. Dios salve a la reina, y a los jueces de su majestad.*

Cuando los acusados y cargos son varios:

Lo que se consigna a continuación son otros ejemplos que se presentan en la Corte de la Corona, cuando una acusación envuelve más de dos acusados y cargos:

- Un acusado: un cargo

La Reina en contra de (mencionar el nombre del acusado).

Los cargos como siguen:

Exposición de la ofensa: al ejecutar un acto tendiente a pervertir el curso de la justicia pública, contrario al derecho común.

Particularidades de la ofensa:

Señor (mencionar el nombre del acusado*): el día 27 de abril de 1989, en un intento de pervertir el curso de la justicia pública, usted amenazó con violencia al señor* (mencionar el nombre del testigo), *si él hubiera proporcionado evidencias en el caso presentado por la Reina en contra de* (mencionar el nombre del otro acusado).

- Cuando los acusados son más de dos:

Las reglas del procedimiento criminal son las mismas. Cuando existe pluralidad de delitos y los criminales son más de dos, entonces de manera individual el escribano presenta los cargos a cada uno de los acusados hasta concluir con cada uno de ellos. Todos serán juzgados al mismo tiempo por un panel de doce ciudadanos ingleses y serán encontrados culpables o inocentes por el mismo jurado.

Veamos el siguiente ejemplo donde los acusados y las ofensas criminales son varias:

ESCRIBANO: *Miembros del jurado, los acusados* (A, B, C, D, E, y F) *que se encuentran de pie, en el auto número T/700132, se les acusa por los delitos de* (establecer aquí los delitos) *que contienen los siguientes cargos* (poner aquí los cargos de que se traten) *en el primer cargo A y B (y/o), (C, D, E, F) (es) (y/o) (son) acusados (por el o los) delitos de* (anotar aquí los cargos) *y las ofensas particulares son* (leer aquí las ofensas particulares.)

En el segundo cargo A, B (C, D, E, y F) *es/son acusado(s) de* (anotar aquí los cargos) *y las ofensas particulares son* (anotar aquí las ofensas particulares). *Miembros del jurado: a este cargo (él) (ella) (ellos) se ha(n) declarado inocente(s), y les corresponde a ustedes decidir después de haber escuchado todas las evidencias, en todo caso, si (él) (ella) (ellos) o alguno de (ellos) es (son) culpable(s) o inocente(s).*

(Dos acusados) *si ellos o alguno de ellos son culpables o inocentes.*

(Tres o más acusados) *si son ellos o alguno de ellos culpables o inocentes.*

Una vez que el escribano ha leído los cargos a los acusados y éstos han tenido la oportunidad de complacerse culpables o inocentes, se inclina ante el juez y toma asiento.

* * *

Han pasado muchos años desde que se abolió la pena de muerte en Inglaterra, pero se recuerda la costumbre que tenían los jueces de dicha época al momento de sentenciar al reo por cargos de homicidio. Antes de condenarlo a la pena capital, el juez colocaba sobre su cabeza un pañuelo negro, que simbolizaba cubrir el pecado cometido por el homicida, al mismo tiempo que le decía: "Tú también morirás". El pañuelo en mención es portado hoy en día, por jueces con investidura de *lord*, tal como es el caso del *lord* Philip Otton.

En relación con el juicio de rapto seguido en contra del joven Roberto Macneil, en agravio de la señorita Helen Liverman, fue encontrado culpable por el jurado. Mientras el juez Sanderson Temple sentenciaba al acusado, refirió que la victima consintió en cierto modo con el reo, para que este abusara sexualmente de ella, argumento que la victima tuvo la oportunidad de escaparse de la escena del crimen cuando el acusado decidió ducharse. Asimismo, refirió que la víctima pudo haber huido de la escena del crimen mientras el reo dormía; sin embargo, la agraviada por alguna u otra razón no lo hizo. El juez condeno al acusado sirviera una sentencia de ocho años en prisión.

En el año de 1986, el juez penó a siete años de prisión a un ciudadano inglés de descendencia hindú por cargos de crueldad contra los animales. El Departamento de Acusaciones Públicas alegó que el acusado había dejado a sus perros sin comer por más de tres semanas, cuando los oficiales de policía llegaron al domicilio del acusado encontraron a los perros en una situación tan deplorable que no era posible reanimarlos, razón por la cual el Departamento de Policía y la Autoridad protectora de animales decidieron dormir a los perros. El juez argumentó en su sentencia que el acusado era un desquiciado mental, al permitir que sus perros no comieran por tantos días, lo que ocasionó la inanición en la que se encontraban las mascotas cuando el Departamento de Policía los rescató. Finalmente, el juez Leaver sentenció al reo a siete años en prisión.

Anexos

COMPARACIONES ENTRE EL PROCEDIMIENTO CRIMINAL INGLÉS Y EL PROCEDIMEINTO CRIMINAL MEXICANO

En este apartado abordaré algunas diferencias existentes entre el sistema judicial inglés y el de los Estados Unidos Mexicanos. Para ello me basaré en la experiencia que he adquirido como abogado practicante, así como de reportes que día a día emiten los medios de comunicación masiva nacional, extranjeros y organismos no gubernamentales, así como la Organización de las Naciones Unidas, tomando como tema central el servicio publico de administración de justicia.

Los países emergentes y en vías de desarrollo necesitan elaborar una reforma estructural e integral profunda respecto de sus leyes. Esta reforma de cambio profundo debe ser asistido por expertos de naciones de primer nivel, quienes previo a arreglos diplomáticos y económicos deseen capacitarnos en todos los niveles de gobierno. Para ello, la reforma integral debe dejarse en manos de personas inteligentes que tengan las mejores intenciones de ser entrenadas por el país del que se trate, con la mera intención de estructurar un Estado moderno con instituciones públicas confiables, de manera que sean diseñadas para dejarlas en manos del ciudadano del estado solicitante.

Una de las diferencias más notorias existentes entre los dos sistemas legales es la capacitación que reciben los oficiales de policía en los departamentos de ambos países, así por ejemplo: en Inglaterra el gobierno

Ingles se preocupa por entrenar a sus oficiales de manera científica, en este sentido los países latinoamericanos necesitan hacer algo al respecto, toda vez que por el momento los elementos policíacos carecen de toda la información científica y legal para cumplir con su cometido. Por eso es una cualidad muy destacada que los oficiales de policías en Inglaterra no porten armas.

En Inglaterra se lleva a cabo un seguimiento puntual de las investigaciones criminales. El Departamento de Policía brinda la protección necesaria tanto a las víctimas como a los presuntos responsables durante su detención. Por el contrario, en America Latina, la justicia está limitada a unos cuantos. Las deficiencias dentro del Ministerio Público van desde los trámites y la probabilidad de que las victimas sean atendidas de manera oportuna y científica.

En Inglaterra existe la corte de magistrados representada por personas cultas y experimentadas. En America Latina no se cuenta con una institución de esa envergadura.

Al referirnos a la organización que prevalece durante el juicio encontramos que: en Inglaterra los juicios son públicos y las audiencias siempre son asistidas por el mismo juez, el mismo fiscal, el mismo abogado defensor y miembros del jurado hasta la conclusión del juicio. En cambio las audiencias en America Latina no llevan un seguimiento claro, es decir, nunca son presididas por el juez. En México por ejemplo las audiencias pueden tomar lugar sin la asistencia del juez y la del acusado.

El Poder Judicial en México unge al secretario del juzgado presidir las audiencias en ausencia del juez. Asimismo, durante el proceso, el juez, el fiscal o la defensa pueden ser cambiados infinidad de veces, y esto es permitido por la propia ley, hasta el último momento en que el juez dicte la correspondiente sentencia. Por ende, no se cuenta con un sistema legal para integrar un jurado a sus audiencias. Además de encontrar una serie de impedimentos legales y estructurales para que esto suceda.

En Inglaterra las salas de las cortes miden aproximadamente trescientos metros cuadrados. En cambio, en México, la sala más grande mide aproximadamente ocho metros cuadrados, suficiente para alojar el secretario del juzgado y la mecanógrafa.

En Inglaterra, corresponde al Departamento de Acusaciones Públicas demostrar la culpabilidad del acusado, ante un grupo de doce ciudadanos ingleses. En America Latina todo aquel que es acusado por algún delito, será culpable durante todo el proceso, entre tanto el mismo reo demuestre su inocencia.

Durante el proceso (en Inglaterra), el reo está a espaldas de su abogado, con el objeto de que durante el juicio el reo tenga comunicación directa con su abogado. En cambio en México, el reo está a espaldas del secretario del juzgado, circunstancia que impide a su defensor tener comunicación directa con este durante la audiencia. Durante la audiencia el secretario del juzgado se asegura que el defensor y su cliente no tengan comunicación, y cuando esto sucede, lo evita tajantemente; de su parte el representante del Ministerio Público hace lo propio oponiéndose siempre a tales acercamientos entre la defensa y su cliente, solicitando al secretario del juzgado prohíba tal comunicación. Esta petición siempre es atendida a favor del fiscal.

Por otro lado, la participación de los testigos en Inglaterra estará ligada a tres entidades: el juez, el fiscal y la defensa, quienes son los responsables de examinarlos de manera directa y frente a los miembros del jurado.

EL sistema criminal Ingles, llama a esta técnica de interrogatorio Cross-Examination; y tal como su nombre lo indica, es el método que permite al juez y abogados interrogar a los testigos que se presentan ante la corte a rendir su testimonio en un caso criminal. Podría traducirse este término al español como "Examinación - Cruzada".

Cuando el fiscal y la defensa han interrogado al testigo en primera ocasión; podrán reexaminarlo en segunda oportunidad, si así lo desean.

De manera que el fiscal y la defensa tienen todo el derecho de reexaminar al testigo cuantas veces sea necesario, en el interés de la parte que representan.

El mismo derecho le asiste al Juez, cuando tiene que interrogar al testigo en el interés de la justicia. Antes de que el testigo abandone el banquillo de los testigos, el juez pregunta al fiscal y a la defensa lo siguiente: JUEZ: Señor Fleming desea usted reexaminar al testigo: FISCAL: Deseo hacerlo su señoría, es usted muy gentil. Cuando la defensa o el fiscal no desean reexaminar al testigo usualmente lo hacen en los siguientes términos: DEFENSA: Su señoría considero que no es necesario reexaminar al testigo en el interés de la parte que represento; muchas gracias por su atención. A menudo suele suceder que tanto el fiscal como la defensa solicitan al juez su deseo de reexaminar al testigo. En estos casos, y en todo momento el juez atiende positivamente tal solicitud planteada por el fiscal o la defensa.

También es importante destacar que durante los juicios el fiscal y la defensa se objetan las preguntas entre si, argumentando al juez que la pregunta presentada por la contraparte no esta formulada correctamente. Aun cuando el juez, el fiscal y la defensa conocen perfectamente las reglas de un interrogatorio apegado a las reglas de un juicio justo, suele suceder sin embargo que las partes incurren en irregularidades al formular sus preguntas y cuando esto sucede el juez como un verdadero arbitro de football interrumpe el cuestionamiento del abogado al momento que dice al testigo" No contestes la pregunta que te esta formulando el fiscal" entonces el juez se dirige al fiscal o la defensa en su caso a quien pide se comporte como un experto en derecho, y formule sus preguntas correctamente.

En razón de lo antes expuesto; sugiero al país que desee solicitar apoyo profesional al Reino Unido, Estados Unidos de America o Canadá, lo haga pensando que tal decisión requerirá de tiempo y dinero, además, es importante decirlo "no será cuestión de un corto tiempo", en virtud de que la tarea de impartir justicia es uno de los servicios públicos mas difíciles de alcanzar, dado que envuelve entrenamiento, tiempo, disciplina y recursos económicos; sin embargo, todo es posible en este mundo, sobre todo si los lideres de países en desarrollo se organizan para ayudar de manera correcta y profesional al país que representan.

Durante el juicio seguido en contra de alguien, los abogados en mi país, objetamos las preguntas de la contraparte, aun cuando la pregunta este bien hecha, y ello es así, porque la mayoría de los abogados ignoramos las reglas de un juicio justo que debe tomar lugar durante los interrogatorios.

Cuando esto sucede no hacemos más que obstruir el curso del proceso y el espíritu de la justicia. Aunado a ello, el secretario del juez se da toda la libertad para objetar preguntas correctas hechas por la defensa o el fiscal. A excepción de ciertos jueces la mayoría de ellos, no tienen la experiencia necesaria cuando procede o no una objeción dada dentro de un interrogatorio judicial.

En las cortes Británicas, cuando la defensa objeta la pregunta del fiscal o viceversa, se levanta inmediatamente de su asiento y pide al juez diciendo: DEFENSA: Discúlpeme su señoría pero debo objetar la pregunta que mi culto amigo hace al testigo, y lo hago en razón de que (La defensa explica sus razones legales por la que esta objetando la pregunta). Ahora bien, si el juez considera que la objeción de la defensa o en su caso la del fiscal no esta justificada, la descalifica en los siguientes términos: JUEZ: Objeción fuera de las reglas (En este momento el juez explica al exponente por que razón su objeción esta fuera de las reglas) al momento que ordena al fiscal o defensa diciéndole: la pregunta esta bien formulada y el testigo debe contestarla ante los miembros del jurado.

JUEZ: "Objeción sostenida" es otra de las expresiones mencionada por los jueces Ingleses durante el interrogatorio, cuando la pregunta del fiscal o la defensa esta mal formulada. Oportunamente el juez explica al abogado porque razón la pregunta no será contestada por el testigo." No contestes la pregunta que te formula el fiscal ordena el juez al testigo oportunamente.

Cuando se presenta la necesidad de discutir puntos legales entre el juez y las partes, el juez ordena al escribano de la corte, lleve a los miembros del jurado a la sala del jurado, donde permanecen mientras dure el debate. Durante este tiempo las partes examinan una serie de códigos y estatutos legales relacionados con los planteamientos presentados, así como de casos precedentes similares a los puntos aquí propuestos durante el proceso. Cuando se ha llegado a un acuerdo, el juez solicita al escribano de la corte valla por los miembros del jurado para continuar con la audiencia. En muchas ocasiones el juez invita a los abogados pasen a su privado para dirimir cualquier planteamiento presentado por ellos durante el proceso, con la mera intención de no fastidiar tanto a los miembros del jurado.

En cambio en México los abogados por lo general presentamos nuestra solicitud a través de un escrito; mismo que es acordado por el juez después de quince o treinta días; ahora bien si consideramos que el acuerdo del juez no nos favorece o esta fuera de todo contexto legal decidimos apelarlo, teniendo que esperar muchas veces hasta seis meses para conocer la decisión del tribunal de apelaciones. A esta actitud judicial los ingleses le llaman "Justicia denegada".

En México, el fiscal y la defensa interrogan a los testigos por conducto del secretario.

En Inglaterra, dos testigos no son suficientes para condenar a alguien de homicidio o cualquier otro delito. En America Latina, dos testigos son más que suficientes para condenar a alguien de cualquier delito. En este sentido, en Inglaterra son los miembros del jurado quienes deciden sobre la culpabilidad o inocencia del reo, en cambio, en America Latina, es el juez quien de manera absoluta e unilateral decide sobre la inocencia o culpabilidad del reo.

El sistema criminal inglés no contempla la figura de careos procesales, o careos constitucionales, o careos constitucionales supletorios.

Cuando alguien es acusado en una corte inglesa, la parte agraviada, los testigos y testigos profesionales, comparecerán de manera personal ante la corte para ser cuestionados frente a los miembros del jurado.

En México (esto resulta increíble señalarlo), la defensa siempre solicita al juez la comparecencia de la parte agraviada. En diversas ocasiones los abogados defensores tenemos que esperar más de cinco año para interrogar al agraviado frente a la autoridad. Lo mismo sucede con los testigos de cargo, quienes en la mayoría de las ocasiones ni siquiera son presentados por el fiscal o el juez para que sean interrogados por las partes ante la autoridad. Mientras esto sucede el acusado permanece recluido en prisión injustamente.

En Inglaterra cualquier testigo, trátese de quien se trate, tiene que comparecer de manera personal ante la corte donde será cuestionado por las partes del caso. En el caso de México, cuando se trata de altos funcionarios –establece la ley– podrán contestar por escrito el interrogatorio, si así lo desean. En este sentido podemos decir que nuestra legislación contempla dos tipos de leyes: una para personas comunes y otra para celebridades.

Uno de los datos más relevantes encontrados en esta investigación fue notar que en Inglaterra ningún recurso de impugnación legal interrumpe o suspende el juicio, o da por terminada una acusación criminal. En cambio en México, el juicio de amparo ha resultado ser un verdadero obstructor de la justicia, pues por su conducto se suspende o se pone fin a un juicio criminal. Además de que existe un término de ampliación constitucional, donde el abogado defensor puede solicitar al juez el término de ampliación constitucional de 72 horas, tiempo mediante el cual el abogado defensor pretende demostrar de manera apresurada la inocencia de su cliente. La Legislación inglesa no contempla esta figura jurídica.

Otro rasgo sobresaliente es encontrar que en el Reino Unido, los jueces piden los antecedentes penales del acusado únicamente si éste es encontrado culpable por el jurado, y tales antecedentes se leen ante el juez antes de que éste dicte la respectiva sentencia. En cambio en México, el juez solicita los antecedentes penales del acusado durante el proceso.

En Inglaterra no se permite al reo cuestionar a su acusador, mientras que en México el acusado sí puede interrogar a los que deponen en su contra. A los acusados en este país se les trata con respeto y dignidad, esto se puede notar durante todo el curso del proceso. La ley no permite la distinción de clases, ricos y pobres son juzgados de manera imparcial con las mismas reglas de un juicio justo. Y esto se puede observar en los propios acusados quienes comparecen bien vestidos y de manera elegante ante la corte.

Durante los juicios, es usual ver llorar a jóvenes acusados cuando son presentados ante la corte. Note que algunos de esos jóvenes dramáticos se confesaron culpables de los cargos presentados en su contra por el Departamento de Acusaciones Publicas.

En mi país, un juez ya sea en materia penal, civil, del fuero común o fuero federal, puede atender tres casos criminales al mismo tiempo. En Inglaterra se toman las cosas en serio, y para que se alcance la excelencia en las decisiones judiciales el juez atiende un solo asunto a la vez. Para ellos, la concentración mental es de fundamental importancia en cualquier controversia judicial.

De lo antes expuesto cabe preguntarnos, ¿está diseñado realmente nuestro sistema judicial de impartición de justicia para encontrar la verdad en un juicio criminal, y resolver de esta forma conforme a derecho y justicia las controversias judiciales presentadas ante el juez?

Estoy consciente que los gobiernos en America Latina realizan enormes esfuerzos por cambiar estas técnicas rudimentarias del derecho, sin embargo, considero que deben hacer un esfuerzo adicional y enorme, para colapsar por completo con este desorden y mediocridad.

Recibí con mucha alegría y desde aquí envío mis felicitaciones al Gobierno de nuestra hermana Republica del Perú, en virtud de que el gobierno de este país esta coordinándose para incorporar los juicios orales a su sistema de impartición de justicia, y lo digo así, porque en fecha reciente observe la entrevista que hizo la cadena de televisión CNN en español al representante del poder judicial de este país, quien con toda preocupación y entusiasmo anuncio la urgente necesidad de impartir justicia de manera pronta, justa he imparcial. Ya es tiempo de implementar los juicios orales en nuestro sistema de impartición de justicia, sentencio el servidor público. Enhorabuena Perú.

La cultura es universal: es un derecho de la humanidad

Desde hace varios siglos Inglaterra ha demostrado ser el país mejor organizado del que el hombre pueda tener memoria. Así lo demuestran los hechos; por ejemplo puedo destacar que todas las colonias a las que este país introdujo la civilización están bien organizadas y planeadas; es el caso de Australia, Nueva Zelanda, Estados Unidos y Canadá. Inglaterra cuenta con el sistema administrativo y judicial más avanzado en su género; las cortes públicas, los laboratorios científicos mejor avanzados en ciencia y tecnología brindan a esta sociedad toda la confianza en materia de administración de justicia. También cabe destacar la participación de este país en la invención de tantos aparatos científicos al servicio de la administración de justicia y de la sociedad. Las mejores universidades del mundo se encuentran precisamente en este país. Por esta razón, sugiero a cualquier país en vías de desarrollo, así como al mío, soliciten de su apoyo con el objetivo de que nos orienten y diseñen un plan de gobierno confiable, cimentado en bases firmes de un Estado sólido, que nos permita tener un sistema de administración de justicia confiable y justo igual que el de ellos.

De igual forma podríamos hacerlo en otros rubros. La democracia en América latina sigue siendo un reto a vencer, no es lógico que lideres nefastos se mantenga en el poder por mucho tiempo alegando que los votantes son los que deciden sobre su permanencia en el poder. Tampoco existe democracia plena en países donde proliferan tantos partidos políticos, con los que confunden a los votantes para permanecer en el poder por largos años, todo esto como es de esperarse es a base de engaños, confusión y mentiras, donde el único perjudicado es el país mal representado. Los órganos de gobierno estarían enlazados y coordinados perfectamente, como consecuencia de ello, las inversiones serían seguras, lo que propiciará un crecimiento sostenido en materia económica nacional he internacional.

Si algún Estado decide pedir ayuda profesional a alguno de estos gobiernos, debe entender que el primer paso es abolir todas las leyes, decretos y estatutos con los que operan sus instituciones actualmente, pues es menester e inteligente prescindir de leyes mediocres y sustituirlas por sofisticadas. Y con el afán de poner en práctica los sanos juicios en los que el pueblo inglés basa su forma de actuar, es preciso recordar el pasaje bíblico en el que se señala tajantemente: "Ni nadie hecha vino nuevo en odres viejos; de esta manera, el vino nuevo rompe los odres, y se derrama el vino, y los odres se pierden; mas el vino nuevo en odres nuevo se ha de echar."

El secreto del éxito consiste en imitar a países de primer nivel. Casi todas las naciones poderosas de la tierra han tenido algo que ver con el intercambio cultural, comercial y científico que se fomenta entre ellas. En sus tiempos de gloria, culturas como la Inca y la azteca hicieron suyas las técnicas de los pueblos que conquistaban. Fuera de ello, y por perjudicial que haya sido la cultura Española, con su influencia nos trajeron las enseñanzas del Evangelio, donde podemos encontrar una serie de pasajes interesantes que tiene que ver con los juicios orales. Gracias a la influencia que tuvieron los griegos y romanos sobre la cultura del pueblo judío, hoy en día muchos países tienen incorporadas a sus legislaciones vigentes el acervo cultural de estos países.

En este contexto, los ingleses no son extraños a estos intercambios de cultura y mestizajes, ejemplo claro de ello es la técnica de los juicios orales, los cuales son sin duda alguna de origen Greco Romano, y que los británicos perfeccionaron a través de los siglos.

Ajeno a esto, han transcurrido más de 200 años desde que los latinoamericanos conseguimos nuestra independencia; son muchos años perdidos, ya que no hemos conseguido la libertad económica, democrática y social. Desde hace mucho, gobiernos extranjeros han venido señalándonos que nuestras leyes no cumplen con los estándares internacionales de confianza, al igual que analistas nacionales y extranjeros refieren dicha discrepancia en nuestro proceder. Sin embargo, hemos sido persistentes y lejos de escuchar a estas naciones y observadores, nuestros políticos, críticos e intelectuales se han tomado el privilegio en tacharlos de apartidas y traidores, causando con ello, una profunda crisis que tiene hundida en la desgracia y miseria a toda América latina.

La democracia como medio de gobierno ha desempeñado grandes avances en los Estados que la practican. Pero también la historia ha demostrado todo lo contrario, pues muchos gobernantes ya estando en el poder hacen de él una serie de negocios contrarios a los intereses del pueblo que representan. Para evitar esto, los ingleses se dieron a la tarea de diseñar un estado con instituciones que quedaran en manos del pueblo y no del gobernante en turno, para evitar con esto que lideres demagogos y oportunistas lleguen al poder a gobernarnos de manera desordenada y caprichosa.

Por ejemplo, en Inglaterra existe el parlamento representado por la cámara de los Lores y la cámara de los comunes; ante ellos el primer ministro tendrá que lidiar primeramente en relación con sus decisiones públicas. Si, por ejemplo, el primer ministro excede sus decisiones frente al parlamento, en seguida tendrá que enfrentar la decisión del monarca en turno, quien cuenta con consejeros altamente calificados en administración pública, quienes estando del lado de los intereses del país, decidirán finalmente sobre las decisiones del Primer Ministro. Todo esto se hace con el fin de que el pueblo inglés este representado de manera correcta, equilibrada y responsable.

Estructurar un Estado con instituciones confiables, nada tiene que ver con el capitalismo, el socialismo o comunismo, tampoco tiene que ver con la elite conservadora o meros soñadores socialistas. Para estructurar un Estado funcional se requiere de hombres inteligentes y justos, temerosos de Dios, patriotas, sin resentimientos ni rencor alguno, ni de aquellos líderes que buscan les levanten en su honor una estatua de bronce o que los coqueteen adulándoles que es o son los mejores hombres de la nación.

Para diseñar instituciones públicas y privadas se requiere de disciplina y respeto a los bienes de la sociedad. Diseñar instituciones firmes se requiere de hombres de buenas intenciones, que las diseñen para el pueblo y no para el gobernante en turno, tal como las instituciones públicas que dan vida jurídica al desarrollo nacional de países como Canadá, Estados Unidos de América, Gran Bretaña, Holanda, Dinamarca, Alemania, Italia, Suiza, Francia, Suecia, entre muchas otras naciones.

Vienen tiempos muy difíciles para la humanidad entera. Los desastres naturales, entre ellos los terremotos, los tsunamis, el derretimiento de los polos, la escasez de alimentos, la escasez de agua, las guerras entre las naciones y la debacle financiera pondrán en riesgo a todos los gobiernos de la tierra. Los únicos países que tal vez salgan airosos serán aquellos que tengan un buen plan de protección civil, y estén mejor preparados para enfrentar estos últimos acontecimientos. Por tanto hagamos un frente común hoy que podemos hacerlo. Los países en desarrollo, pueden de manera responsable celebrar alianzas con países de primer nivel y viceversa, que los países industrializados entre ellos Inglaterra, Los Estados Unidos de America y Canadá, celebren contratos con nuestros países hermanos donde podrán encontrar una serie de bienes y servicios que les serian de gran utilidad. A cambio de ello, los países desarrollados deberían ayudarnos a diseñar un plan de gobierno que nos permita generar la riqueza necesaria para atender las necesidades más apremiantes de nuestras sociedades, hoy olvidadas por nuestros gobiernos.

¿Qué necesitamos hacer en materia de justicia criminal y administración pública los países en desarrollo para prosperar? Primeramente debemos aceptar que nuestras políticas de gobierno requieren de un cambio, y en segundo término, organizarnos para emprender la búsqueda de ese cambio.

Por su importancia vale la pena reiterarlo: ninguna institución pública del gobierno inglés está a merced del gobernante en turno. Todas las instituciones públicas fueron diseñadas para estar en manos del pueblo Ingles. Como ejemplo de ello, puedo citar "el poder judicial inglés", representado por jueces experimentados y honestos, temerosos de dios, quienes junto con toda una serie de personas científicas y un jurado imparcial deciden (de manera democrática después de haber escuchado todas las evidencias del caso) si el acusado es culpable o inocente. La corrupción y el tráfico de influencias no son ni forman parte del sistema judicial de este excepcional país.

El sistema democrático es tan interesante como las demás instituciones de esta nación. Por ejemplo, se han dado casos en que el primer ministro dimite por propia voluntad cuando las cosas no van bien con sus decisiones gubernamentales. En otros casos, el propio primer ministro es forzado a renunciar por consejos de su propio gabinete, cuando ha perdido la cordura o muchos de ellos renuncian por propia cuenta a sus cargos cuando consideran que el pueblo ya no está satisfecho con su actitud política. Las instituciones públicas son del país y no de sus líderes, (me informaron cuando estuve en esta excepcional nación investigando sobre el Procedimiento Criminal), y el país ha decidido tener las instituciones públicas que hoy de manera correcta dan vida jurídica a esta extraordinaria patria: democracia, planeación, justicia, equilibrio, orden, disciplina y prosperidad.

En lo personal considero que los gobiernos o naciones en vías de desarrollo deben celebrar convenios en materia cultural, comercial, tecnológica, legal, y cualquier otro tipo de intercambio que ayude a impulsar el desarrollo de nuestros estados con países desarrollados, siempre y cuando lo hagamos con responsabilidad y respeto. La rectoría del estado sobre las fuentes de riqueza proveniente de los recursos naturales que ofrece nuestra territorialidad, debe ser atendida con un profundo sentido de responsabilidad, con el fin último de dar mantenimiento oportuno a las instituciones públicas de nuestros estados.

Pedir ayuda profesional a países de primer nivel nos permitiría tener el respeto de la comunidad internacional, y como consecuencia de ello, los países desarrollados vendrían gustosos a celebrar todo tipo de negocios con nuestros estados, con la intención de incorporar desarrollo y prosperidad a nuestras sociedades.

La admiración que tengo del Sistema Judicial Ingles; es la misma que en su momento sintió el califa Mamun, gobernante del Imperio Árabe, quien por cierto ordeno a Junain tradujera las obras de origen Persa, egipcia, hindú, griega, entre otras; a quien pago una suma en oro, igual al peso de los libros que traducía. Esta información la podemos consultar en la pagina numero 121 del libro El antiguo Islam, del que es autor el escritor Ingles Desmond Stewart.

En el capitulo primero, en el libro de Daniel, la Biblia nos narra detalladamente como Nabucodonosor Rey de Babilonia instruye a Aspenaz, príncipe de sus eunucos, que trajese de los hijos de Israel, del linaje real de los príncipes, muchachos en quienes no hubiese tacha alguna, y de buen parecer, y enseñados en toda sabiduría, y sabios en ciencia, y de buen entendimiento, e idóneos para estar en el palacio del rey; y que les enseñase las letras y la lengua de los caldeos.

En las leyes de reforma nuestro héroe Benito Juárez, proponía un gobierno civil, que pusiera mayor énfasis en la educación del pueblo y en la modernización del país según el modelo norteamericano. No tengo la menor duda que esta inspiración nació en el Benemérito de las Américas, al constatar personalmente la forma organizada del Estado de Nueva Orleans, donde por cierto se encontraba en el exilio. Esta información la podemos consultar en la página 39, del libro titulado Viaje por la Historia de México, de su autor Luis González y González.

En otro apartado de esta reflección incluí el mandato divino siguiente:

"Un solo derecho tendréis, así para el natural como para el extranjero"

No obstante, mi pregunta sigue pendiente: ¿por qué nuestros países en desarrollo han sido omisos en pedir consejos en administración publica a gobiernos de primer nivel?

***

¡México! ¡América Latina!: vale la pena intentarlo. Que tu miedo, tu orgullo e ignorancia no te fulminen: no te resistas al cambio, nunca nos sucederá nada, estamos en nuestro mejor momento. Por tanto, busquemos y aceptemos la ayuda profesional apropiada de Gran Bretaña, Estados Unidos de America y Canadá, a fin de que juntos diseñemos instituciones públicas y privadas para beneficio de nuestras sociedades. Notemos que no nos sucedió nada cuando incorporamos a nuestro desarrollo nacional los ferrocarriles, los buques, las locomotoras, los aviones, los coches de todas marcas, la telefonía celular, y todo tipo de tecnología moderna que hoy forman parte del desarrollo de nuestra América Latina. Por tanto pidamos la ayuda profesional que tanto necesitamos, vallamos en busca de ella, yo les aseguro que los Ingleses, los Estadounidenses y Canadienses, están esperándonos para ayudarnos.

América Latina, tú puedes hacerlo, ¡qué esperas!

¡Es tiempo de despertar e intentarlo! ¡Vamos!

Fuentes de consulta

Código Penal Federal y Código Federal de Procedimientos Penales. Mexico: Berbera Editores, 2006.

Código Procesal Penal para el Estado de Guerrero. México: Nueva Luz, 2008.

La Santa Biblia. USA: Stampley Enterprises, 1979. [Antigua versión de Casiodoro de Reina (1569)]

En este libro se analizan de manera breve las etapas del Procedimiento Criminal Ingles. De igual forma se hace especial referencia a ciertos tópicos del Procedimiento Penal Mexicano. A juicio del autor, el estudio de dichos instrumentos jurídicos nos sugiere la urgente necesidad de tomar todo lo bueno del Procedimiento Criminal Ingles, con la mera intención de incorporarlos a nuestras legislaciones actualmente de tradición Latina; a fin de que en el futuro se conviertan en modelos de Justicia Criminal similar al Ingles.

El autor invita de buena fe a todos los países emergentes y en vías de desarrollo, no tengan miedo, y soliciten apoyo profesional a gobiernos de primer nivel, con especial referencia al Ingles, a fin de que las futuras generaciones cuenten con modelos de justicia criminal verdaderos, donde impere siempre la verdad y la justicia sobre todas las cosas.

El autor aprovecha la ocasión para desear lo mejor de los éxitos a todas aquellas naciones valientes y decididas que emprendan sabiamente los consejos vertidos en la presente obra.

DAVID SUASTEGUI MARTINEZ: Nace en Copala Guerrero, México; el 01 de enero de 1965, Cristiano, estudia Primaria en la Escuela Vicente Guerrero Saldaña en el Poblado del Carrizo y Secundaria en la Escuela Secundaria técnica numero 13, en el Poblado de Cruz Grande, Municipio de Florencio Villareal.

Posteriormente se traslada a la Ciudad de Acapulco donde estudia la Preparatoria en el Instituto Gilberto L. Guajardo, y la Licenciatura en derecho en la Escuela Superior de Ciencias Sociales, dependiente de la Universidad Autónoma de Guerrero. Es abogado postulante en la Ciudad y Puerto de Acapulco, Guerrero.

(epi)logo

Estoy encantado y honrado de ser invitado a escribir el prologo de este libro admirable.

Comparto sin reservas la esperanza de David Suastegui Martínez, que países en desarrollo continúen adoptando el Procedimiento Criminal Ingles, como su método preferido para lidiar con acusaciones criminales.

El derecho Ingles durante siglos ha actuado sobre la base de dos principios fundamentales e inmutables. El primero es la presunción de inocencia. Nadie podrá ser declarado culpable de ninguna ofensa hasta que se demuestre que el es culpable. Durante todo el proceso corresponde a la fiscalía probar la culpabilidad; a un acusado nunca se le requiere pruebe su inocencia (el principio de la carga de la prueba).

El segundo principio es que antes de que un acusado pueda ser declarado culpable, la corte debe estar segura(o como se dice a veces, debe estar satisfecha mas allá de toda duda razonable) que El/ Ella es culpable de la ofensa de la que será juzgada. Un mero balance de probabilidades nunca es suficiente. Si el fiscal solo a probado que el acusado probablemente cometió la ofensa, entonces el acusado debe ser absuelto (El principio Standard de prueba).

Estos dos principios son la roca madre del juicio por jurado. Es responsabilidad del juez juzgador indicarle al jurado que deben llevar a cabo sus deliberaciones a lo largo de estos principios y ambos deben ser satisfechos antes de que ellos alcancen un veredicto de culpabilidad. Los demás procedimientos que el autor describe son la consecuencia natural de estos dos principios.

En el pasado he tenido la oportunidad de visitar países en desarrollo para explicar la importancia de estos principios y para dar una idea de toda la estructura del Procedimiento Criminal Ingles. También he visitado China en tres ocasiones para dar conferencias a jueces, abogados y estudiantes de derecho. No hay juicio por jurado en ese país. Siempre fui cortes y recibí con entusiasmo los cuestionamientos en profundidad. El interés de ellos fue muy obvio.

Puede pasar algún tiempo antes de que China adopte juicios por jurado y cualquier otro aspecto del Derecho Criminal Ingles- si algún día sucede. Sin embargo, los Países en Desarrollo, que el autor trata de abordar en este libro; sin duda, deberían recibir este libro con gran interés. Sus lideres también pueden ser persuadidos que es en el mejor de sus intereses adopten el sistema que tan claramente él expone.

Este libro debería ser leído por todos aquellos Países en Desarrollo donde hay un respeto genuino por el Estado de Derecho, y quienes deseen adoptar el Sistema de justicia Ingles, que se sigue manteniendo en tan alta estima en el mundo.

Deseo expresar mi gratitud al autor por haber reconocido la necesidad de presentar tal proyecto y mi admiración de la forma en como lo ha presentado. Me atrevo a esperar que sus visitas a mi corte le hayan ayudado en alguna forma a complementar su loable intento.

Sir Philip Otton

a former High Court Judge and

Lord Justice of Appeal in England.

20 Essex Street

London WC2R 3AL